111 Kurz Rezepte

für den Deutsch-Unterricht (DaF)

Interaktive Übungsideen für zwischendurch

herausgegeben von
Penny Ur und Andrew Wright

übersetzt und bearbeitet von
Barbara Huter und Susanne Schauf

Ernst Klett Verlag für Wissen und Bildung
Stuttgart · Dresden

111 Kurzrezepte
für den Deutschunterricht

Interaktive Übungsideen für zwischendurch

herausgegeben von Penny Ur
und Andrew Wright

Gedruckt auf Papier,
das aus Altpapier hergestellt wurde.

Die Kurzrezepte sind folgenden Werken entnommen:
Five-Minute Activities, Edited by Penny Ur and
Andrew Wright, Cambridge University Press 1992:
1-22; 24-46; 48; 50-55; 57-68; 73-76; 79-111.
Grammar Practice Activities, Edited by Penny Ur,
Cambridge University Press 1988: 23; 47; 49; 56; 69;
70; 71; 72; 77; 78.

Bild- und Textquellen:
M. Beucker, Düsseldorf (S.74, 2; S.74, 3; S. 74, 4; S.78;
S.79; S.81, 1; S.81, 2; S.88), Cambridge University Press,
Cambridge (S.53; S.57, 1; S.63, 2; S.71; S.72; S.85),
Ernst Klett Verlag für Wissen und Bildung, Stuttgart
(S.75; S.76), C. Fischer, Lorch (S.70,2), Granada
Television Ltd., Manchester (S.74, 1), Milano, Stuttgart
(S.65,1), E. Nöldeke, Backnang (S.70, 1; S.81, 3), Optik
Berkmann/WAV Werbung & Audiovision, Filderstadt-
Bernhausen (S.65,2), Pro Regenwald, München
(S.65,3)

1. Auflage   1 5 4. 3 2 1 | 1999 98 97 96 95
Alle Drucke dieser Auflage können im Unterricht
nebeneinander benutzt werden, sie sind untereinander
unverändert. Die letzte Zahl bezeichnet das Jahr dieses
Druckes.
© Ernst Klett Verlag für Wissen und Bildung GmbH,
Stuttgart 1995. Alle Rechte vorbehalten.

Zeichnungen: Andrew Wright, Peter Ducker MSTD,
Margarita Görrissen
Einbandgestaltung: Dieter Gebhardt
Mitarbeit: Walter Pape, Anja Bürkle

Die Vervielfältigung der gekennzeichneten Seiten ist
für den Unterrichtsgebrauch gestattet. Die Kopier-
gebühren sind im Preis enthalten.
Druck: L. Auer, Donauwörth. Printed in Germany.
ISBN 3-12-768780-X

Vorwort

Diese von den bekannten Fremdsprachenlehrern Penny Ur und Andrew Wright zusammengestellten und in verschiedenen Ländern der Erde erprobten Aktivitäten wurden für den Unterricht in Deutsch als Fremdsprache adaptiert und mit entsprechenden Musterbeispielen und Kopiervorlagen ◪ versehen.

Die „111 Kurzrezepte" bieten Ihnen eine Sammlung von interaktiven Übungen, die nicht mehr als 5 bis 15 Minuten Unterrichtszeit beanspruchen. Sie können zum Einstieg in eine Unterrichtsstunde, zum Ausklang oder einfach mal zwischendurch eingesetzt werden. Durch ihren ganzheitlichen Ansatz fördern sie Motivation und Kreativität. Außerdem sind die einzelnen Aktivitäten lernzielorientiert, so daß es für die Lernenden immer einsichtig ist, worum es beim Üben geht.

Der Einsatz der Aktivitäten ist auf verschiedenen Niveaus möglich, da Sie als Lehrer das verwendete Sprachmaterial entsprechend dem Kenntnisstand der Lernergruppe ausrichten können: in den Boxen steht Ihnen ein reiches Angebot an Wort- und Satzbeispielen zur Verfügung, aus dem Sie nach Belieben Ihre Auswahl treffen. Zahlreiche gebrauchsfertige Kopieranlagen mit Bild- und Textstimuli steuern den interaktiven Lernvorgang bei der Arbeit zu zweit, in Kleingruppen oder im Plenum.

Das einleitende Kapitel „Was das Lernen fördert" enthält einige allgemeine Tips, die nützlich sind, um einen förderlichen Lernprozeß in Gang zu bringen. Sie enthalten vor allem Anregungen, die regelmäßig wieder aufgegriffen werden sollten, um eine gewisse Kontinuität des Lernwegs zu bewirken und bewußt zu machen.

Die folgenden acht Kapitel reichen von einfachen Aufgaben mit Buchstaben, Wörtern und Begriffen über die Arbeit mit Sätzen, Texten und Bildern bis hin zu komplexeren sprachlichen Aktivitäten wie Diskussion und Argumentation. Dabei ist immer die Kreativität der Lerner gefragt.

Als Lehrer werden Sie das Menü auswählen, das Ihren Lernern gerade am besten bekommt. Wichtig dabei ist, daß Sie jede Aktivität richtig dosiert anbieten. Leckere Bissen sind meist klein und machen Lust auf mehr. Halten Sie diesen Appetit auch bei Ihren Lernern wach, und bieten Sie ihnen immer mal wieder ein Häppchen an.

Dazu wünschen wir Ihnen viel Erfolg.

Inhalt

Zur Einführung: Was das Lernen fördert

I. Buchstaben, Wörter, Wortspiele

II. Begriffe erraten, (zu)ordnen, definieren

III. Vom Satz zum Text

IV. Grammatik in Aktion

V. Bilder sprechen lassen

VI. Wer fragt, weiß mehr

VII. Einander kennenlernen

VIII. Diskutieren und Argumentieren

Register

Was das Lernen fördert

Bevor wir einzelne Aktivitäten mit konkreten Lernzielen vorstellen, möchten wir Ihnen einige Vorschläge machen, wie Sie möglichst günstige Bedingungen für einen erfolgreichen Lernprozeß herstellen können.

An erster Stelle geht es darum, einen gelingenden Einstieg in das Unterrichtsgeschehen zu ermöglichen. Dazu ist es wichtig, daß sich die Lerner entspannen, damit sie den Alltag abstreifen können und für die Aufnahme neuer Erfahrungen frei werden. Um dies zu fördern, gibt es verschiedene Techniken. Wir wollen Ihnen nur zwei präsentieren: die eine wird im ruhigen Sitzen durchgeführt, die andere im Gehen.

Entspannendes Sitzen

Bitten Sie die Lerner, sich bequem hinzusetzen, und erklären Sie, daß Sie ihnen helfen wollen, sich zu entspannen. Wenn Sie auf Vorbehalte stoßen, können Sie darauf hinweisen, daß viele Sportler und Künstler die Entspannungstechnik verwenden, die Sie nun zeigen werden.

Um die Anweisungen und den Verlauf der Entspannungsübung nicht unterbrechen zu müssen, stellen Sie vorher sicher, daß die Lerner mit dem Vokabular, das Sie benutzen werden, z.B. *Brustkorb*, vertraut sind. Im Anfängerunterricht können Sie den Text aber auch in der Sprache der Lerner vortragen, um vielleicht erst bei einem zweiten oder dritten Mal auf den deutschen Text überzugehen; der Inhalt ist dann schon vertraut. Schlagen Sie den Lernern vor, die Augen zu schließen, wenn sie sich dabei besser konzentrieren können. Sprechen Sie dann langsam und gleichmäßig, und machen Sie nach jedem Satz eine kleine Pause, damit die Lerner das Gehörte nachvollziehen können:

Setzen Sie sich gerade hin. Bleiben Sie dabei locker. Schließen Sie nun die Augen, drücken Sie das Kinn gegen die Brust und stellen Sie sich vor, daß Ihr Kopf die Decke gerade berührt. Atmen Sie tief durch. Versuchen Sie zunächst, den unteren Teil Ihrer Lunge mit Luft zu füllen. Legen Sie Ihre Hände flach und locker auf den unteren Teil des Brustkastens; Ihre Finger sollen einander gerade eben berühren. Atmen Sie ruhig und natürlich. Während Sie einatmen, hebt sich der Bauch, aber der Brustkorb bewegt sich möglichst wenig. Halten Sie nach dem Einatmen die Luft einen Moment an, entspannen Sie Ihre Muskeln, und atmen Sie dann langsam und gleichmäßig aus. Dieses Ausatmen ist für die Entspannung besonders wichtig. Wiederholen Sie nun den ganzen Vorgang.

Gehen als ob ...

Sie benötigen einen Raum, in dem man Tische und Stühle an die Wand rücken kann, um eine möglichst große freie Fläche zur Verfügung zu haben.

Bitten Sie die Lerner umherzugehen, und geben Sie dabei die in der nachstehenden Tabelle aufgelisteten Anweisungen, von denen jede einzelne etwa 10 bis 15 Sekunden lang ausgeführt wird. Insgesamt sollte die Übung nicht mehr als fünf Minuten in Anspruch nehmen. Im Anschluß daran können Sie die Lerner ermutigen, selbst Aktivitäten zu erfinden und anzuordnen.

Diese Übung eignet sich für das Kennenlernen in neu zusammengesetzten Gruppen, aber auch zum „Aufwärmen" in jeder beliebigen Unterrichtsstunde. Die körperliche Bewegung und die kreativen Einfälle stellen einen guten und meist willkommenen Ausgleich zur vorwiegend sitzenden Beschäftigung dar.

Die angeführten Beispiele sind in zwei Gruppen gegliedert: Aktivitäten, bei denen sich die Lerner mit sich selbst beschäftigen, und solche, bei denen sie mit anderen in Beziehung treten.

Gehen Sie ...

... als ob Sie sehr müde seien.

... als ob Sie eine gute Nachricht erhalten hätten.

... als ob Sie einen sehr schweren Koffer tragen würden.

... als ob es Ihnen sehr kalt sei.

... als ob Sie nackt seien.

... als ob Sie ein Kind seien.

... als ob Sie sehr alt seien.

... als ob Sie ein Eisklotz wären.

... als ob Sie ein/e Schlafwandler/in seien.

... als ob Sie ein König oder eine Königin seien, der/die gerade den Thron besteigt.

... als ob Sie einen Fluß durchqueren, indem Sie von Stein zu Stein hüpfen.

... als ob Sie ein/e Bettler/in seien.

... als ob Sie etwas gestohlen hätten.

... als ob Sie ein/e Seiltänzer/in seien.

Gehen Sie ...

... und schauen Sie sich dabei in die Augen.

... und grüßen Sie sich dabei wie Freunde (indem Sie sich z.B. auf die Schulter klopfen).

... und grüßen Sie sich sehr höflich.

... und grüßen Sie sich wie alte Freunde, die sich seit langer Zeit nicht gesehen haben.

... als ob ein/e andere/r Kursteilnehmer/in Sie beleidigt habe.

... als ob Sie sehr unsympathisch seien.

... als ob ein/e andere/r Kursteilnehmer/in sehr schwerhörig sei.

... als ob Sie denken, daß ein/e andere/r Kursteilnehmer/in wenig intelligent sei.

... als ob Sie denken, daß ein/e andere/r Kursteilnehmer/in sehr gefährlich sei.

... als ob ein/e andere/r Kursteilnehmer/in eine besonders geachtete Persönlichkeit sei.

... indem Sie sich grüßen und von irgend etwas sprechen, das Ihnen gerade einfällt.

Ein wichtiges Element beim Lernen ist die Kontinuität. Gewisse Fertigkeiten – wie Hörverstehen, schriftlicher und mündlicher Ausdruck – klein dosiert, aber mit Ausdauer zu üben, führt zu wahrnehmbaren Erfolgen und motiviert zum Weitermachen. Folgende Aktivitäten können zu festen Bestandteilen einer Unterrichtsstunde werden:

Fortsetzungsgeschichte

Lesen Sie eine Geschichte, der die Lerner mühelos folgen können, in Etappen von etwa fünf Minuten vor. Wählen Sie eine Geschichte mit einer interessanten Handlung, und unterbrechen Sie die Geschichte immer an einer Stelle, an der es besonders spannend ist.

Achten Sie darauf, daß zwischen den einzelnen Fortsetzungen nicht zuviel Zeit verstreicht.

Lernertagebuch

Bitten Sie die Lerner, ein Tagebuch zu führen, und lassen Sie ihnen regelmäßig jeweils etwa fünf Minuten der Unterrichtszeit, um Einträge darin vorzunehmen.

Das Tagebuch kann die konkrete Unterrichtsstunde zum Gegenstand haben oder allgemeiner den Prozeß des Deutschlernens mitverfolgen, indem die Lerner kommentieren, welche Fortschritte sie gemacht zu haben glauben und was ihnen Schwierigkeiten bereitet; es kann aber auch einen anderen, ganz persönlichen Inhalt haben. Das Lernertagebuch muß nicht Tag für Tag oder Unterrichtsstunde für Unterrichtsstunde chronologisch fortgeschrieben werden; es reichen „Momentaufnahmen". Die Lerner können ihre Eintragungen für sich behalten oder aber, wenn sie wollen, untereinander austauschen oder auch Ihnen zum Lesen geben. Sie sollten daran denken, daß dies kein Medium ist, um sprachliche Fehler zu korrigieren.

Kurzreferate

Teilen Sie den Lernern bereits in einer der ersten Unterrichtsstunden mit, daß sie im Laufe des Kurses anhand von Stichworten ein vierminütiges Kurzreferat über ein Thema ihrer Wahl halten sollen.

Wählen Sie jede Woche nach dem Zufallsprinzip (beispielsweise durch das Ziehen von Namenszetteln aus einem Hut) eine Person aus, die in der folgenden Woche mit ihrem Kurzreferat an der Reihe ist. Nach Ablauf der vier Minuten können die übrigen Kursteilnehmer Fragen stellen und ihre Meinung zu dem Gesagten äußern.

Geben Sie den Referent(inn)en folgende Hinweise:
1. Der Kurzvortrag sollte der Kürze der Zeit und den räumlichen Gegebenheiten Rechnung tragen.

Es ist hilfreich, das Referat vorab einmal für

sich zu halten, um sich im freien Sprechen nach Stichworten zu üben und zu testen, ob der Vortrag das Zeitlimit von vier Minuten nicht übersteigt. Dann verbleiben noch ein bis zwei Minuten für Fragen und Anmerkungen der anderen Kursteilnehmer.

2 Bilder, Gegenstände und Cassetten können das Referat unterstützen, sollen es aber nicht ersetzen.

3. Mögliche Themen:
   – eine interessante Erfahrung
   – ein Hobby
   – eine Gebrauchsanweisung
   – ein Plädoyer für eine bestimmte Sache
   – ein Mißgeschick
   – eine Aufforderung an die Teilnehmer, etwas Bestimmtes zu unternehmen
   – jedes andere Thema, mit dem die Lerner vertraut sind und das sich in vier Minuten darstellen läßt.

Eine wichtige Lernhilfe ist das Bereitstellen und Einüben von Techniken. Dazu gehört unter anderem und vor allem die Benutzung des Wörterbuchs. Hier zwei Möglichkeiten, wie Sie Ihre Lerner in die Arbeit mit dem Wörterbuch einführen können:

Schlag nach!
Wählen Sie sechs bis zehn Wörter aus, die die Lerner noch nicht kennen und die Sie einführen möchten. Präsentieren Sie diese Wörter in Sätzen oder kleinen Situationszusammenhängen. Wenn Sie diese Übung als Vokabelvorbereitung für die Erarbeitung eines Lehrbuchtextes verwenden möchten, können Sie auch die entsprechenden Sätze daraus entnehmen.

Die Lerner suchen die entsprechenden Bedeutungen in ihrem (einsprachigen oder zweisprachigen) Wörterbuch. Begrenzen Sie die Zeit und überprüfen Sie, wie viele Wörter die Lerner nach etwa fünf Minuten gefunden haben.

Wo steht das?
Diese Übung dient dazu, die Schnelligkeit und Effektivität beim Auffinden von Wörtern im Wörterbuch zu fördern.

Geben Sie ein muttersprachliches Wort an. Die Lerner müssen in ihrem zweisprachigen Wörterbuch herausfinden, auf welcher Seite sich der entsprechende deutsche Eintrag (nicht die Übersetzung des muttersprachlichen Begriffs, sondern das deutsche Stichwort im deutschen Teil des Wörterbuchs) befindet. Wenn Sie z.B. für spanischsprachige Lerner das Wort *amarillo* angeben, müssen sie notieren, auf welcher Seite im deutschen Teil das Stichwort *gelb* steht. Wie viele Wörter können die Lerner in fünf Minuten finden?

Auch Sie müssen, um das Ergebnis kontrollieren zu können, die Seitenzahlen notieren.

Um den Wettbewerbscharakter zu erhöhen, kann man die verschiedenen Seitenzahlen addieren lassen und am Schluß vergleichen, wer zum selben Ergebnis gekommen ist.

Werden in der Gruppe unterschiedliche Wörterbücher benutzt, kann das Suchen als Gruppenarbeit durchgeführt werden.

Eine weitere nützliche Technik, die es einzuüben gilt, ist das überfliegende Lesen. Hier ein Übungsvorschlag dazu:

Lesen wie der Wind
Schlagen Sie das Lehrbuch auf einer beliebigen Seite auf, und lesen Sie einen Namen, eine Überschrift oder einen Satz daraus vor. Wer findet zuerst die entsprechende Seite? (Sie können die Auswahl begrenzen, indem Sie angeben, daß Ihre Angabe zwischen Seite 30 und 50 oder in Lektion 5 zu finden ist.)

Wenn Sie sehen, daß der oder die Schnellste die Stelle gefunden hat, warten Sie noch einen Moment, um auch den anderen eine Chance zu geben, und fragen Sie dann erst nach der Seitenzahl. Wiederholen Sie die Aufgabe noch drei- bis viermal.

Anstatt sofort nach der gesuchten Seitenzahl zu fragen, können Sie die Lerner nach jedem Durchgang die Seitenzahl notieren und zum Schluß addieren lassen. Kommen alle auf dieselbe Summe? Wenn Sie diese Übung in Verbindung mit einem längeren Text – einer Erzählung, Kurzgeschichte oder einem Theaterstück – durchführen, vermitteln Sie den Lernern damit einen guten Überblick über den Inhalt und Handlungsablauf. An welcher Stelle suchen die Lerner nach der von Ihnen zitierten Stelle und warum?

Als einfachere Variante können Sie einen kurzen Text (von einer Seite oder weniger), z.B. aus dem Lehrbuch, verwenden und die Lerner auffordern, die Zeile zu suchen, in der das von Ihnen genannte Wort steht.

Lieder sind immer wieder beliebte und lohnende Elemente des Unterrichts. Sie sind auch für „Nicht-Sänger" Ausgangspunkt für eine Reihe von nützlichen und motivierenden Aktivitäten. Hier einige Beispiele:

Stichwörter streichen
Schreiben Sie, bevor Sie ein Lied präsentieren, ein paar Stichworte aus dem Liedtext an die Tafel, und lassen Sie die Lerner über den Inhalt des Liedes spekulieren. Bitten Sie sie anschließend, die Wörter aufzuschreiben, und während Sie das Lied vorspielen, jedes Wort auszustreichen, wenn sie es hören.

Lieder in Bewegung
Schreiben Sie den Text eines einfachen, nicht zu langen Liedes auf ein großes Plakat und schnei-

den Sie es zeilenweise in Streifen. Verteilen Sie die Streifen an die Lerner und bitten Sie sie, ihre Zeile hochzuhalten, wenn Sie sie von der Cassette hören. Spielen Sie dann das Lied vor.

Nachdem nun jede/r eine ungefähre Vorstellung davon hat, ob sein/ihr Textausschnitt am Anfang, in der Mitte oder am Ende des Liedes vorkommt, spielen Sie es ein zweites Mal. Bitten Sie die Lerner, sich mit ihrem Textstreifen in der Reihenfolge aufzustellen, in der die Zeilen im Lied vorkommen. Wenn zum Schluß alle vorne stehen, können Sie das Lied ein drittes Mal zur Kontrolle spielen. Bis dahin können die Lerner meist schon die Melodie mitsummen.

Lieder-Puzzle

Bei einem komplexeren Lied und einer fortgeschritteneren Lerngruppe können Sie folgendermaßen verfahren: Bilden Sie Vierergruppen. Jede Gruppe erhält den zeilenweise in Streifen geschnittenen Liedtext und hat die Aufgabe, die einzelnen Zeilen in die richtige Reihenfolge zu bringen. Spielen Sie das Lied mehrere Male, aber achten Sie auch darauf, daß zwischendurch Pausen entstehen, in denen die Lerner die Möglichkeit haben, ihren Text nach inhaltlichen Gesichtspunkten zu überprüfen und zu ordnen. Die Gruppe, die als erste den vollständigen Text in der richtigen Reihenfolge vorlegen kann, hat gewonnen.

Lieder mit Lücken

Verteilen Sie einen Liedtext an die Lerner, aber lassen Sie etwa zehn Lücken. Dies können Wörter eines bestimmten Wortfeldes, Verbformen oder andere grammatische Phänomene sein, auf die Sie die Aufmerksamkeit der Lerner richten möchten. Spielen Sie dann das Lied mehrmals vor, und bitten Sie die Lerner, den Text in Zweiergruppen zu vervollständigen.

Wie heißt es wirklich?

Verteilen Sie den vollständigen Liedtext, aber ersetzen Sie einige Wörter durch andere, ohne daß der Text dadurch sprachlich oder inhaltlich entstellt wird. Die Lerner markieren beim Zuhören die falschen Wörter und ersetzen sie in einem zweiten Durchgang durch die richtigen.

Lieder singen

Wählen Sie ein Lied, das Sie den Lernern beibringen möchten. Schreiben Sie den Text auf eine OHP-Folie oder auf ein großes Plakat.

Spielen Sie das Lied vom Cassettenrecorder oder singen Sie es vor. Bitten Sie die Lerner, den Text mitzuverfolgen. Klären Sie Verständnisprobleme und spielen bzw. singen Sie das Lied anschließend noch einmal.

Wenn Sie in einer der nächsten Unterrichtsstunden wieder einmal ein paar Minuten Zeit übrig

haben, spielen Sie das Lied erneut, und ermuntern Sie die Lerner zum Mitsingen.

Lieder mimen

Bitten Sie die Lerner, ein Lied, das sie hören, mimisch darzustellen. Dazu eignen sich besonders handlungsreiche Lieder oder Kinderlieder, in denen z.B. die Körperteile aufgezählt werden. Erwachsene, die gegenüber dieser Aktivität Vorbehalte haben, können leichter mit einbezogen werden, wenn man ihnen erklärt, daß ihnen dies beim Besuch einer deutschsprachigen Familie mit Kindern durchaus nützlich sein könnte.

Lieder zeichnen

Bitten Sie die Lerner, beim Hören eines Liedes eine ausdrucksvolle Linie zu zeichnen und diese im Anschluß ihrem Nachbarn oder ihrer Nachbarin zu erläutern. Beispiel:

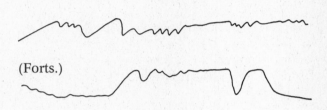

(Forts.)

Und schließlich: Auch Spaß muß sein! Räumen Sie auch dem sogenannten kreativen Unsinn hin und wieder ein wenig Platz ein. Das Heraustreten aus unseren normalen Denkstrukturen und Lerngewohnheiten wirkt auflockernd und setzt neue Kräfte frei. Folgende drei Übungen verstehen sich als kleine Anregungen, Gleiches oder Ähnliches zu versuchen:

Zungenbrecher

Schreiben Sie einen Zungenbrecher an die Tafel, und lesen Sie ihn gemeinsam mit den Lernern, zuerst langsam und dann schneller. Überprüfen Sie, ob die Aussprache korrekt ist. Bitten Sie dann einzelne Lerner, den Zungenbrecher dreimal hintereinander zu sprechen. Es gibt bestimmt viel Gelächter. Hier einige Beispiele:

Esel essen Nesseln gern, Nesseln essen Esel gern.

Ein krummer Krebs kroch über eine krumme Schraube.

Es saßen zwei zischende Schlangen zwischen zwei spitzen Steinen.

Warum haben Sie einen Affen in der Tasche?

Räumen Sie eine Tasche – Ihre oder die einer Lernerin – aus. Gehen Sie auf eine/n Kursteilnehmer/in zu und geben Sie ihm/ihr die Tasche mit der Frage:

Warum haben Sie einen Affen in der Tasche?

Die angesprochene Person muß eine vernünftige Begründung dafür geben, warum sie einen Affen in der Tasche hat, und gegebenenfalls weitere Fragen der Gruppe beantworten. Anschließend kann sie die Tasche an eine/n andere/n Kursteilnehmer/in weiterreichen und dabei dieselbe Frage in Verbindung mit einem anderen Gegenstand, stellen, zum Beispiel:
Warum haben Sie einen Hammer in der Tasche?

Und so weiter.

Diese Aktivität eignet sich besonders zur Auflockerung und Entspannung, z.B. nach einer Klassen- bzw. Gruppenarbeit oder am Ende der Stunde.

Wer kann durch eine Postkarte steigen?

Sie benötigen eine Postkarte (oder ein Stück Papier in derselben Größe) und eine Schere.
Bitten Sie eine/n Kursteilnehmer/in zu sich nach vorn. Kündigen Sie an, daß Sie ein Loch in die Postkarte schneiden werden, und fragen Sie, ob er oder sie wohl durch das Loch in der Karte hindurchsteigen kann. Fordern Sie jede/n einzelne/n auf, eine Vorhersage zu machen, ob er/sie das schafft.
Zerschneiden Sie dann die Karte in der angegebenen Weise, und bitten Sie die Lerner, alle Vorgänge gut zu beobachten.

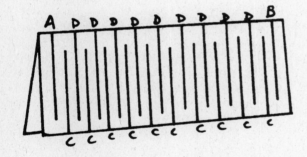

1. Falten Sie die Karte der Länge nach in der Mitte.
2. Machen Sie zwei Schnitte, A und B.
3. Schneiden Sie entlang dem Falz von A nach B.
4. Schneiden Sie danach abwechselnd C, D, C, D etc. durch beide Hälften der gefalteten Karte.

5. Enfalten Sie nun den Zick-Zack-Kreis, und bitten Sie den/die Lerner/in hindurchzusteigen.

Zu guter Letzt gehört zum Lernen auch Bewußtheit über das Ziel und den Weg: Was will ich erreichen? Wie gelange ich dahin? Es ist daher sinnvoll, den Lernern immer wieder Gelegenheit zu geben, sich über ihre Erwartungen an den Unterricht und an sich selbst klar zu werden. Dazu kann ein Fragebogen dienen, der auch Ihnen zeigt, inwiefern Ihre Unterrichtsgestaltung den Bedürfnissen und Wünschen der Lerner entspricht. Er kann beispielsweise als Rückblick auf das vergangene Semester gesehen werden und indirekt eine Wunschliste für das folgende Semester darstellen, oder er wird jeweils in der Mitte eines Semesters (z.B. vor Weihnachten oder vor Ostern) bearbeitet, so daß die zweite Semesterhälfte darauf ausgerichtet werden kann:

Unterrichtsfeedback

Verteilen Sie den Fragebogen (siehe Kopiervorlage), der von den Lernern ausgefüllt und Ihnen ohne Angabe der Namen ausgehändigt wird.
Besprechen Sie in der nächsten Stunde die Ergebnisse, klären Sie offen gebliebene Fragen, und erstellen Sie mit den Lernern zusammen Richtlinien für die nächsten Stunden bzw. für das nächste Semester.

Sie können aber auch so vorgehen: Verteilen Sie die Beurteilungsbögen, lassen Sie sie ausfüllen und bitten Sie dann jeweils drei bis vier Lerner, ihre Ergebnisse zu vergleichen, zu diskutieren und
a) sie im Plenum vorzutragen oder
b) Ihnen gemeinsam einen Brief zu schreiben, in dem steht, wie die Teilnehmer den Unterricht bis jetzt empfunden haben und welche Änderungswünsche sie vorbringen möchten.

Nach dieser kleinen Einführung in eine abwechslungsreiche, gut verdauliche und alle wichtigen Nährstoffe enthaltende Unterrichtsküche wünschen wir Ihnen viel Spaß und Erfolg mit den 111 Kurzrezepten.

Einzelkommentar des Deutschkurses

Bewerte von 10 (hervorragend) bis 0 (ungenügend) folgende Aktivitäten:

– Lektüre im Unterricht ☐

– Unterhaltung ☐

– Schriftliche Aufgaben (Rechtschreibung, Briefe, Diktate) ☐

– Hörverständnis-Übungen ☐

– Grammatik-Aufgaben ☐

– Erklärung der Grammatik ☐

– Unterrichtsstruktur ☐

– Hausaufgaben ☐

Andere wichtige Dinge (welche?) _____

_____

Kommentare _____

_____

Was kann der/die Lehrer/in machen, um den Unterricht interessanter und wirksamer zu gestalten? _____

_____

Wie können Sie Ihre Kenntnisse verbessern? _____

_____

I. Buchstaben, Wörter, Wortspiele

1 Internationalismen in der deutschen Sprache

LERNZIEL:

Wortschatz – Fremdwörter in der Muttersprache der Lerner und Internationalismen als Verstehenshilfe im Anfängerunterricht

VERLAUF:

Bilden Sie Kleingruppen und lassen Sie jede Gruppe alle deutschen Wörter aufschreiben, die die Lerner aus ihrer Muttersprache kennen, oder die als Internationalismen zu bezeichnen sind. Lassen Sie dann die Wörter an die Tafel schreiben, damit die Lerner, die eben erst mit dem Deutschlernen beginnen, sehen, daß sie bereits auf einige Vokabelkenntnisse zurückgreifen können. Gegebenenfalls fügen Sie eine Reihe von Beispielen hinzu, die die Lerner sofort erkennen werden.

Die nachstehende BOX enthält eine mögliche Auswahl von Wörtern:

Deutsche Wörter, die die meisten Lerner auf Anhieb verstehen

Piano, Musik, Taxi, Polizei, Theater, Kaffee, Tee, Bibliothek, Telefon, Elefant, Leopard, Politik, Oper, Information, Tourismus, interessant, Medizin, Auto, Zoo, Margarine, Torte, Marmelade, Person

2 Verschwindende Wörter

LERNZIEL:

Rechtschreibung und Aussprache für den Anfängerunterricht

VERLAUF:

Schreiben Sie etwa zehn deutsche Wörter an die Tafel, die gewisse Rechtschreibprobleme bzw. Ausspracheschwierigkeiten aufweisen. Lassen Sie sie die Gruppe etwa eine Minute lang betrachten, weisen Sie dann auf eines der Wörter und löschen Sie es sofort. Die Lerner versuchen, sich an dieses Wort zu erinnern, und schreiben es auf. Fahren Sie auf diese Weise fort, bis kein Wort mehr an der Tafel steht. Lassen Sie dann die Lerner die notierten Wörter vorlesen und achten Sie auf ihre Aussprache. Gegebenenfalls kann die Schreibweise in Kleingruppen verglichen werden (evtl. auch mit Hilfe des Wörterbuchs). In der nachstehenden BOX finden Sie eine Sammlung von Wörtern, die sich für das Einüben der Rechtschreibung und Aussprache im Anfängerunterricht eignen.

VARIANTE:

Diktieren Sie zehn Wörter, mit deren Rechtschreibung die Lerner möglicherweise Schwierigkeiten haben, und bitten Sie sie, ihre Ergebnisse in Kleingruppen zu vergleichen und sich gegenseitig zu korrigieren.

Hinweis:
Notieren Sie die Wörter, mit denen die Lerner besondere Schwierigkeiten haben, und wiederholen Sie sie in einer der nächsten Unterrichtsstunden.

Rechtschreibung und Aussprache

Schlüssel, Glückwunsch, Tourist, Lehrer, fahren, Student, Tabelle, Zimmer, Klasse, Assistent, Grammatik, kompliziert, Architekt, Strophe, Glück, Platz, Satz, Leute

3 Buchstabensalat

LERNZIEL:

Buchstabieren und Wortschatzwiederholung

VERLAUF:

Schreiben Sie Wörter, die Sie in der letzten Unterrichtseinheit eingeführt haben oder die besonders schwierig zu schreiben sind, so an die Tafel, daß die einzelnen Buchstaben in der Reihenfolge vertauscht sind. Wählen Sie nach Möglichkeit Wörter, die eine inhaltliche Beziehung zueinander haben, sonst könnte die Aufgabe zu schwierig und zeitraubend werden.

In einem Anfängerkurs könnten Sie z.B. folgende Gruppe von Wörtern verwenden:

> *Zatek   Gelov   Nuhd   Fanelet*
>
> *Suma   Gerit   Gieze*

Sagen Sie, daß es sich um Tiere handelt, und bitten Sie die Kursteilnehmer, in der vorgegebenen Zeit so viele wie möglich zu entziffern: *Katze, Vogel, Hund, Elefant, Maus, Tiger, Ziege.*

4 Wörter, die mit ... anfangen

LERNZIEL:

Wortschatz, Rechtschreibung

VERLAUF:

Nennen Sie einen Buchstaben und bitten Sie die Lerner, innerhalb von drei Minuten so viele Wörter wie möglich aufzuschreiben, die mit diesem Buchstaben beginnen. Dies kann in Einzel-, Partner- oder Gruppenarbeit geschehen. Nach Ablauf der Zeit trägt jede/r bzw. jede Gruppe die gefundenen Wörter vor, und Sie schreiben sie an die Tafel. Ermuntern Sie die Lerner, nach der Bedeutung der Wörter zu fragen, die sie möglicherweise nicht kennen.

Hinweis:
Die Aufgabe ist besonders motivierend, wenn man eine bestimmte Anzahl von Wörtern zuvor als gemeinsame Zielvorgabe festlegt. Kommen alle zusammen auf 20, 30 oder 40 Wörter?

VARIANTE:

Anstatt einen Anfangsbuchstaben vorzugeben, bitten Sie die Kursteilnehmer, nach Wörtern zu suchen, die mit einem bestimmten Buchstaben enden oder – einfacher, für Anfängergruppen – die einen bestimmten Buchstaben enthalten.

5 Buchstaben kombinieren

LERNZIEL:

Wortschatz, Rechtschreibung

VERLAUF:

Schreiben Sie eine Auswahl von etwa zehn einzelnen Buchstaben ungeordnet an die Tafel; achten Sie darauf, daß sich zwei oder drei Vokale darunter befinden.

Fordern Sie die Kursteilnehmer dann auf, mit Hilfe dieser Buchstaben Wörter zu bilden. Jeder Buchstabe darf in einem Wort nur einmal verwendet werden.

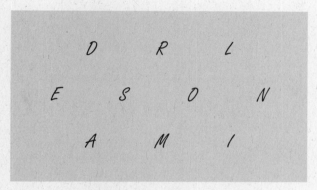

Die Wörter *Rose, Milde, Dose, lies, las* u.a. lassen sich beispielsweise aus diesen Buchstaben bilden. Die Übung kann in unterschiedlicher Weise ablaufen: Entweder die Kursteilnehmer rufen Ihnen die Wörter, die ihnen einfallen, spontan zu, und Sie halten sie dann an der Tafel fest. Oder Sie geben den Teilnehmern vorab zwei Minuten Zeit, um die Wörter allein, zu zweit oder in Kleingruppen zu sammeln.

Hinweis:

Wie auch bei Übung 4 ist es für die Lerner motivierender, wenn man eine bestimmte Anzahl von Wörtern zuvor als Zielvorgabe festlegt, zum Beispiel 15 oder 20.

VARIANTE 1:

Anstelle der einzelnen Buchstaben können Sie auch ein – längeres – Wort als Ausgangspunkt nehmen, aus dessen Buchstaben dann die neuen Wörter zusammengesetzt werden müssen. Hierfür geeignete Wörter sind z.B. *unverzeihlich, Wasserball, Architektur, Landwirtschaft, Gegenstand.*

VARIANTE 2:

Geben Sie nur sechs oder sieben Buchstaben an, aber gestatten Sie den Kursteilnehmern, einen Buchstaben innerhalb eines Wortes mehrmals zu verwenden.

VARIANTE 3:

Lassen Sie zu Beginn die Buchstaben von den Kursteilnehmern selber vorschlagen; achten Sie nur darauf, daß auch Vokale dabei sind.

VARIANTE 4:

Geben Sie den Lernern drei Minuten Zeit, um in Einzelarbeit die Wörter zu sammeln. Fordern Sie sie anschließend auf, in Gruppen ihre Listen zu vergleichen. Alle Wörter, die mehrfach vorkommen, werden gestrichen. Wer hat am Schluß die längste Liste mit „einzigartigen" Wörtern?

6 Wer behält die meisten Wörter?

LERNZIEL:

Wortschatzwiederholung

VERLAUF:

Schreiben Sie 15 bis 20 Vokabeln an die Tafel oder auf Folie, die Sie in den letzten Unterrichtseinheiten eingeführt haben und von denen Sie annehmen, daß die Lerner sie kennen. Vergewissern Sie sich, daß die Bedeutung aller Wörter bekannt ist. Geben Sie den Lernern eine Minute Zeit, die Wörter anzusehen, und wischen Sie sie dann aus bzw. decken Sie die Folie ab.
Bitten Sie nun die Lerner, einzeln, zu zweit oder in Kleingruppen alle Wörter, die sie behalten haben, aufzuschreiben. Wer hat die meisten Wörter und kann sie auch richtig buchstabieren?

Hinweis:
Verwenden Sie, wenn möglich, für diese Übung einen Overheadprojektor, weil Sie damit die Wörter schnell und einfach auf- und zudecken können.

VARIANTE:

Sie können als Ausgangsmaterial für diese Übung auch Wörter verwenden, die von einer früheren Aktivität an der Tafel stehengeblieben sind.

7 Wörter lernen mit Eselsbrücken

LERNZIEL:

Memorieren von Wörtern und Sätzen

VERLAUF:

Teilen Sie die Tafel in zwei Hälften. Schreiben Sie auf die eine Seite Vokabeln, die Sie in der letzten Unterrichtseinheit eingeführt haben und von denen Sie möchten, daß die Lerner sie behalten. Fordern Sie die Gruppe auf, eine der neuen Vokabeln auszuwählen und ein vertrautes Wort zu nennen, das sie in irgendeiner Weise an die neue Vokabel erinnert. Schreiben Sie dann das „Erinnerungswort" auf die andere Seite der Tafel. Wischen Sie danach die neue Vokabel aus.
Verfahren Sie analog mit jeder der neuen Vokabeln, bis alle durch „Erinnerungswörter" ersetzt wurden. Fordern Sie nun die Lerner auf, sich zu erinnern, wie die ursprünglichen Vokabeln lauteten, an die die „Erinnerungswörter" erinnern sollen. Schreiben Sie diese Vokabeln auf, und wischen Sie die „Erinnerungswörter" aus.

VARIANTE:

Wenn Sie einen Text an der Tafel stehen haben, den Sie nicht mehr benötigen, löschen Sie einen Teil davon, jedoch nicht mehr als ein bis zwei Zeilen. Bitten Sie einen Lerner, den Text von der Tafel vorzulesen und die fehlenden Teile aus der Erinnerung zu ergänzen. Löschen Sie ein weiteres Wort oder auch zwei, und bitten Sie einen anderen Lerner, den Text vorzulesen und zu vervollständigen. Fahren Sie so fort, bis der ganze Text gelöscht ist und nur noch in den Köpfen existiert.

8 Präfixe und Suffixe

LERNZIEL:

Wortschatz – Wortbildung für fortgeschrittene Lerner

VERLAUF:

Wählen Sie ein Präfix oder ein Suffix, das Sie üben möchten, aus der nachstehenden BOX aus. Geben Sie dieses vor, und lassen Sie die Lerner möglichst viele Wortbeispiele finden, die Sie an die Tafel schreiben. Wenn Sie möchten, fügen Sie selbst das eine oder andere Wort hinzu.

Vielleicht bietet es sich in einigen Fällen an, über die Bedeutung der Präfixe und Suffixe zu sprechen, z.B.: *zer-* gibt eine Trennung, Zerstörung an, *ent-* bedeutet eine Wegbewegung, *-chen* wird für die Diminutivbildung verwendet etc. Gleichzeitig kann man auf die Merkmalsaddition wie bei *hineingehen, herauskommen* etc. hinweisen. Zudem sollte man erklären, welche Präfixe von Verben fest, welche trennbar und welche manchmal fest, manchmal trennbar sind.

VARIANTE:

Wenn Sie mehr Zeit zur Verfügung haben, geben Sie den Lernern gleichzeitig mehrere (zwei bis drei) verschiedene Präfixe oder Suffixe an.

Präfixe und Suffixe

Präfixe	Beispiele
ab-	abnehmen, abgeben, abspringen, ablehnen
an-	anstreichen, anmalen, anfragen, anbinden
auf-	aufhören, aufnehmen, Aufstieg, Aufführung
be-	bedienen, bewegen, beschreiben, berücksichtigen
er-	Erkenntnis, Erlaubnis, Erfolg, Ereignis
her-	herkommen, herhören, hersehen
los-	loslösen, losrennen, loslaufen
miß-	mißhandeln, mißverstehen, Mißklang
mit-	mitgehen, mitkommen, mitsingen, mitarbeiten
ver-	vererben, verschenken, verfaulen, verblühen, verbinden
wieder-	wiederkommen, wiederholen, wiedererlangen
zer-	zerstören, zertreten, zerstoßen, zerreiben

Suffixe	Beispiele
-chen	Kindchen, Hündchen, Bäumchen
-ei	Heuchelei, Schreinerei, Zauberei, Brauerei
-heit	Einheit, Sicherheit, Dunkelheit, Dummheit
-ig	einstündig, vierwöchig, eintägig, freudig
-keit	Sauberkeit, Freundlichkeit, Traurigkeit, Einsamkeit
-lich	stündlich, monatlich, täglich, wöchentlich, freundlich
-nis	Gleichnis, Wagnis, Wildnis, Geheimnis
-sam	einsam, folgsam, bedeutsam
-schaft	Gefangenschaft, Freundschaft, Mannschaft
-tum	Christentum, Reichtum, Irrtum, Altertum
-ung	Bildung, Werbung, Achtung, Abkürzung

LERNZIEL:

Wortschatzwiederholung und -erweiterung

VERLAUF:

Wählen Sie ein Wort, das die Gruppe vor kurzem gelernt hat, und bitten Sie die Lerner, alle Begriffe zu nennen, die sie mit diesem Wort in Verbindung bringen. Schreiben Sie die genannten Begriffe kreisförmig rund um das Ausgangswort an die Tafel, und verbinden Sie es mit ihm durch eine Linie, so daß eine strahlenförmige Wortgruppe entsteht.

Beim Stichwort *Kleidung* könnte z.B. folgendes Wortfeld entstehen:

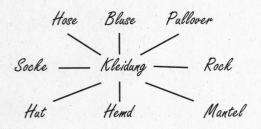

Auf einem höheren Lernniveau könnte die Wörtersammlung z.B. zum Stichwort *Entscheidung* folgendermaßen aussehen:

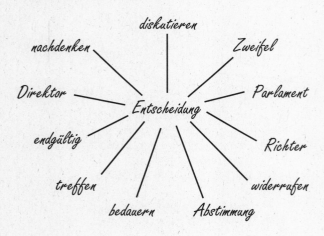

Diese Aktivität kann natürlich auch in Einzel- oder Partnerarbeit durchgeführt werden.

VARIANTE 1:

Begrenzen Sie die Assoziationsmöglichkeiten, indem Sie z.B. nur Adjektive zulassen, die mit dem in der Mitte stehenden Substantiv kombinierbar sind; in Verbindung mit *Kleidung* wären das Adjektive wie *schön, schwarz, alt* und *elegant.* In Verbindung mit *Entscheidung* könnten *zweifelhaft, richtig, politisch* oder *verständlich* genannt werden.

Oder lassen Sie Verben suchen, die mit einem Substantiv zu kombinieren sind; im Falle der Kleidung wären das z.B. *tragen, waschen, anziehen, kaufen;* im Fall von *Entscheidung* z.B. *treffen, bestätigen, hinnehmen, zurückweisen.*

VARIANTE 2:

Ein in der Mitte stehendes Adjektiv kann mit passenden Substantiven ergänzt werden (*kalt* umgeben von *Winter, Essen, Person* etc.) oder ein Verb mit passenden Adverbien bzw. adverbial gebrauchten Adjektiven (*sprechen* umgeben von *gern, oft, langsam, laut, deutlich, falsch, feierlich, lebhaft, begeistert* etc.).

VARIANTE 3:

Für Fortgeschrittene ist auch ein Wortstamm als Ausgangspunkt denkbar, z.B. *fahr* führt zu *Fahrer, fahren, Fahrzeug, überfahren* etc. oder *geh,* ermöglicht z.B. die Ableitungen *Gehweg, Gehsteig, hineingehen, hinausgehen, Gang, Eingang, Ausgang.*

Eine weitere Möglichkeit sind Präfixe wie *be-, ent-, er-, ver-* oder Suffixe wie *-lich, -ung.*

ERWEITERUNG:

Wischen Sie alle Wörter, bis auf das in der Mitte, von der Tafel. Bitten Sie die Lerner, so viele der gelöschten Wörter wie möglich aus dem Gedächtnis aufzuschreiben.

10 Assoziationen

LERNZIEL:

Wortschatzwiederholung und -erweiterung

VERLAUF:

Beginnen Sie mit einem Wort, das viele Assoziationen auslöst, z.B. *Sturm*.
Ein/e Lerner/in sagt, was ihm/ihr zu diesem Wort einfällt, es könnte z.B. *heftig* sein. Der/die nächste nennt eine Assoziation zu *heftig* und so weiter, bis alle einmal dran waren.
Andere Wörter, die sich gut für den Beginn eignen, sind z.B.: *Meer, Feuer, müde, Ferien, morgen, deutsch, Familie, Heimat, wütend ...* Sie können auch Vokabeln verwenden, die Sie in einer der letzten Unterrichtseinheiten durchgenommen haben.

VARIANTE:

Wenn Sie noch Zeit haben, nachdem eine Kette von etwa 10 bis 20 Assoziationen gebildet wurde, schreiben Sie das letzte vorgeschlagene Wort an die Tafel und versuchen gemeinsam mit der Gruppe, die ganze Kette bis zum Ausgangswort zu rekonstruieren.

11 Wer ist gemeint?

LERNZIEL:

Wortschatz

VERLAUF:

Schreiben Sie eine Liste von etwa zehn Berufsbezeichnungen an die Tafel. Bitten Sie nun die Lerner, etwa zehn Assoziationen – Ideen, Eindrücke, Erinnerungen – aufzuschreiben, die sie mit einem der Berufe in Verbindung bringen, ohne jedoch den Beruf selber zu erwähnen. Es dürfen nur einzelne Wörter gesammelt werden. Folgende Assoziationen beziehen sich auf einen in der sechsten Zeile der BOX genannten Beruf *arm, teuer, Farbe, Stoff, Schmerz, Freude, Pinsel, Geruch, Landschaft, Freunde*.
Anschließend arbeiten die Lerner zu zweit und versuchen herauszufinden, auf welchen Beruf sich die Wortliste ihres Nachbarn/ihrer Nachbarin bezieht. Diese/r bestätigt oder verwirft die Vermutung und erläutert, in welchem assoziativen Zusammenhang die Begriffe auf seiner/ihrer Liste zu dem Beruf stehen. Die Verbindung muß nicht immer augenfällig sein; im Falle von *Künstler/in*, worauf sich die obigen Beispiele beziehen, sind die nicht offensichtlichen Assoziationen z.B. *Geruch* (der Farbe), *Landschaft* (in der freien Natur malen/eine Landschaft malen), *Freunde* (die auch Künstler sind).

Berufsbezeichnungen

Angestellte/r, Arbeiter/in, Architekt/in, Arzt/Ärztin, Bauer/Bäuerin, Briefträger/in, Chemiker/in, Geschäftsmann/Geschäftsfrau, Journalist/in, Kellner/in, Koch/Köchin, Künstler/in, Lehrer/in, Matrose, Metzger/in, Taxifahrer/in, Tierarzt/Tierärztin, Sänger/in, Schriftsteller/in, Schauspieler/in, Sekretärin, Verkäufer/in, Vertreter/in

12 Wo kommt das her?

LERNZIEL:

Wortschatzwiederholung, Diskutieren

VERLAUF:

Schreiben Sie die Bezeichnung für einen Gebrauchsgegenstand in die Mitte der Tafel. Fragen Sie die Lerner, aus welchem Material der Gegenstand ist, oder stellen Sie andere Fragen, die darauf abzielen herauszufinden, wie der Gegenstand oder das Material in einem früheren Zustand beschaffen waren.

Schreiben Sie alle Vorschläge der Lerner an die Tafel und wiederholen Sie dann jede einzelne Frage. Wenn Sie beispielsweise mit *Schuh* beginnen, könnten die ersten Fragen so aussehen:

Sie:	*Der Schuh. Woraus ist er?*
Lerner/in:	*Aus Leder.*
Sie:	*Und woher kommt das Leder?*
Lerner/in:	*Von einer Kuh, zum Beispiel.*
Sie:	*Und wo lebt die Kuh?*
Lerner/in:	*Auf einer Wiese.*

Schuh	*Leder* *Kuh* *Wiese*	*Schrank*	*Holz* *Baum* *Wald*	*Pullover*	*Wolle* *Schaf* *Gras*

13 Irrtümer beim Vorlesen

LERNZIEL:

Hörverstehen, aufmerksames Mitlesen

VERLAUF:

Wählen Sie einen Text aus dem Lehrbuch. Kündigen Sie an, daß Sie ihn vorlesen werden, und bitten Sie die Lerner, im Buch mitzulesen. Erwähnen Sie beiläufig, daß Sie müde sind oder Ihre Lesebrille vergessen haben und daß Ihnen beim Lesen daher möglicherweise Fehler unterlaufen.

Bitten Sie die Lerner, Ihnen in dem Fall sofort zu sagen, daß Sie sich vertan haben.
Lesen Sie den Text vor, und ersetzen Sie dabei absichtlich einzelne Wörter, lassen Sie welche aus oder fügen Sie welche hinzu, ohne daß die Sätze sprachlich falsch werden. Die Lerner melden sich an jeder Stelle, bei der sie merken, daß der von Ihnen vorgelesene Text von dem im Buch abweicht. Bedanken Sie sich dann, und fahren Sie mit dem Vorlesen fort, wobei Sie weitere „Fehler" machen.

14 Erraten Sie das Wort!

LERNZIEL:

Hörverstehen, Wortschatz

VERLAUF:

Lesen Sie eine Geschichte oder einen Lehrbuchtext vor, und halten Sie jeweils vor einem Schlüs-

selwort inne. Die Lerner sollen nun dieses Wort erraten und entweder spontan mündlich äußern oder aber schriftlich festhalten.
Wenn Sie einen Text wählen, der bereits von der Gruppe erarbeitet worden ist, dient diese Übung zur Wiederholung des Lektionswortschatzes.

II. Begriffe erraten, (zu)ordnen, definieren

15 Scrabble

LERNZIEL:

Wortschatzwiederholung

VERLAUF:

Bitten Sie eine/n Lerner/in, ein Wort mit nicht mehr als fünf Buchstaben mitten auf die Tafel zu schreiben. Am besten ist es, in Blockbuchstaben zu schreiben, und zwar so, daß die einzelnen Buchstaben deutlich voneinander getrennt sind. Beispiel: FISCH.

Nun denken Sie an ein Wort, das mit dem obigen Wort mindestens einen Buchstaben gemeinsam hat. Zu diesem Wort geben Sie den Lernern eine Definition, z.B.: *Es ist ein Tier.* Wenn jemand das Wort ZIEGE errät, schreibt er/sie es so an die Tafel, daß es sich mit dem ersten Wort kreuzt.

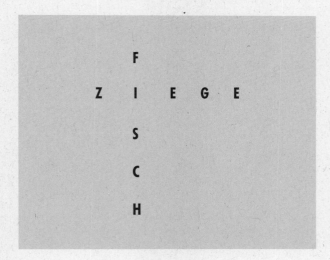

Bitten Sie nun eine/n Lerner/in, ein Wort zu finden, das mit *Ziege* das G oder E bzw. mit *Fisch* das C oder H gemeinsam hat. Diese/r Lerner/in soll der Gruppe einen Hinweis geben, indem er/sie die Länge des Wortes und seinen ersten Buchstaben angibt. Wer das Wort gefunden hat, schreibt es an die Tafel. Lassen Sie nun auf diese Weise ein Scrabble entstehen, und zählen Sie dann mit der Gruppe nach, wie viele Wörter in fünf bis zehn Minuten gefunden werden konnten.

VARIANTE 1:

Zeichnen Sie ein Quadrat von 10 x 10 Kästchen an die Tafel und lassen Sie das Scrabble erstellen wie oben beschrieben.

VARIANTE 2:

Wenn Sie diese Arbeit bei anderer Gelegenheit fortsetzen wollen, stellen Sie den Lernern zusätzlich die Aufgabe, alle Hinweise auf die betreffenden Wörter schriftlich festzuhalten. Sie können dann das Scrabble von einer anderen Gruppe lösen lassen.

VARIANTE 3:

Wenn Sie eine nicht allzu große Gruppe haben, können Sie diese Übung dazu verwenden, zu Beginn eines neuen Kurses die Teilnehmer miteinander bekanntzumachen. Beginnen Sie damit, Ihren Vornamen an die Tafel zu schreiben, und lassen Sie die Teilnehmer nach und nach ihre Namen in Form eines Scrabbles anfügen.

LERNZIEL:

Hörverstehen, Wortschatzarbeit

VERLAUF:

Bitten Sie die Lerner, auf einem Blatt zwei oder drei Spalten zu markieren, und nennen Sie für jede einen Oberbegriff, z.B. *Eßwaren* und *Getränke* oder *Erde, Wasser, Luft, Tier, Pflanze* ... Diktieren Sie dann eine Reihe von Wörtern, die zu diesen Oberbegriffen passen. Die Lerner machen bei jedem genannten Wort ein Kreuz in der entsprechenden Spalte. Bei den Oberbegriffen *Eßwaren* und *Getränke* und den Wörtern *Tee, Apfel, Brot, Kaffee, Torte, Wasser, Ei, Fleisch* könnte z.B. folgende Tabelle entstehen:

ESSWAREN	GETRÄNKE
	×
×	
×	
	×
×	
	×
×	
×	

Gebrauchsfertige Beispiele finden Sie in der BOX. Vergessen Sie nicht, die Wörter, die Sie nennen, zu notieren, damit Sie das Ergebnis der Lerner überprüfen können.

VARIANTE:

Wenn Sie eine schwierigere Übung anbieten wollen und mehr Zeit zur Verfügung haben, bitten Sie die Lerner, jedes Wort in die entsprechende Spalte zu schreiben. Das Ergebnis könnte dann so aussehen:

ESSWAREN	GETRÄNKE
Apfel	Tee
Brot	Kaffee
Torte	Wasser
Ei	
Fleisch	

Oberbegriffe

Anfänger:

Eßwaren, Getränke: Tee, Apfel, Brot, Kaffee, Wasser, Ei, Fleisch, Bier, Milch, Schokolade, Kartoffel, Reis, Teigwaren, Orangensaft

Tiere, Dinge: Hund, Feder, Haut, Elefant, Tür, Löwe, Buch, Tisch, Katze, Pferd, Esel, Fernseher

Groß, klein: Elefant, Maus, Streichholzschachtel, Haus, Blume, Berg, Federhalter, Zigarette, Ei, Meer

Kreisförmig, rechteckig: Sonne, Buch, Tafel, Ball, Fenster, Tür, Mond, Fernseher, Blume, Haus, Ring, Reifen, Tisch

Erde, Wasser, Luft: Wolke, Regen, Fisch, Baum, Welle, Nebel, Himmel, Feld, Boot, Landstraße, Berg, Wind, schwimmen

Fortgeschrittene:

Traurig, lustig: Lächeln, Träne, lachen, elend, tragisch, froh, angenehm, demütigend, beglückt, Feier, lustig, sich beklagen, weinen

Laut, ruhig: Schrei, Fest, Messe, Gemurmel, Konzert, Pfeife, Spiel, Beerdigung, Sturm

Höher, tiefer: Diener, Herr, König, Untertan, Meister, Chef, Untergebener, Kommandant, Assistent, Kapitän, Leiter, Prinz

Gesundheit, Krankheit: Fieber, Schmerz, Lachen, Entzündung, Energie, Kräfte, Koma, Kollaps, dienstuntauglich, bluten, gesund

17 Gegensatzpaare

LERNZIEL:

Wortschatzwiederholung und -erweiterung

VERLAUF:

Diktieren Sie etwa sechs bis zehn Wörter, die deutliche Antonyme aufweisen, oder schreiben Sie sie an die Tafel. In Paaren oder in Kleingruppen versuchen die Lerner, jeweils „die andere Hälfte" zu finden und aufzuschreiben. Helfen Sie ihnen dabei und geben Sie die Wörter an, die nicht bekannt sind.

In der nachstehenden BOX finden Sie eine Beispielsammlung für Gegensatzpaare. Beachten Sie aber, daß es sich dabei nur um Vorschläge handelt und daß Sie und Ihre Lerner vielleicht andere Gegensatzpaare bilden möchten, die hier nicht angeführt sind.

In einigen Fällen können Wörter zwei oder mehrere Antonyme aufweisen, z.B: *süß: salzig* oder *bitter* oder *sauer*. Zeigen Sie sich offen gegenüber kreativen und unkonventionellen Vorschlägen Ihrer Lerner, sofern sie sie gut begründen können.

VARIANTE:

Wenn am Ende der Übung alle Gegensatzpaare an der Tafel stehen, löschen Sie die Wörter, von denen Sie ausgegangen sind, und lassen Sie sie von den Lernern erneut finden.

Gegensatzpaare

Niveau 1

öffnen: schließen	fern: nah
langweilig: interessant	viel: wenig
trinken: essen	Vater: Sohn, Mutter
weiß: schwarz	klein: groß
schön: häßlich	Fuß: Hand, Kopf
Tag: Nacht	Ausgang: Eingang
Ehemann: Ehefrau	mit: ohne
leicht: schwer, schwierig	verkaufen: kaufen
Kälte: Wärme	Sommer: Winter
Mann: Frau	wahr: falsch, unwahr
lang: kurz	alt: jung, neu
dick: dünn	gut: böse, schlecht

Niveau 2

hoch: niedrig	genügsam: anspruchsvoll
Freund: Feind	glatt: runzlig
aufsteigen: absteigen	voll: leer
vermehren: vermindern	losfahren: ankommen
vorrücken: zurückweichen	Frieden: Krieg
vergeben: nachtragen	verlieren: finden
Arm: Bein	erstes: letztes
hell: dunkel	Anfang: Ende
hart: weich, verständnisvoll	erinnern: vergessen
weiblich: männlich	alles: nichts
Zukunft: Vergangenheit	einfach: kompliziert
übersehen: bemerken	wegwerfen: behalten

LERNZIEL:

Wortschatzerweiterung durch Homonyme

VERLAUF:

Diktieren Sie zwei oder drei Wörter, die zwei oder mehr Bedeutungen haben. Beispielsweise ist eine *Bank* ein „Geldinstitut" aber auch eine „Sitzgelegenheit". In Kleingruppen ermitteln die Lerner die verschiedenen Bedeutungen der vorgegebenen Wörter und schreiben sie auf. Sie können entweder, wie im genannten Beispiel, die verschiedenen Definitionen angeben, das Gegenteil schreiben oder auch einen Satz bilden, in dem das Wort dem Kontext entsprechend gebraucht wird.

Wenn die Lerner Wörterbücher zur Verfügung haben, dürfen sie sie benutzen. Ansonsten genügt es auch, sich gegenseitig auszutauschen.

Ein Wort – verschiedene Bedeutungen

	Bedeutung 1	Bedeutung 2
Hahn	Wasserhahn	männliches Huhn
Hering	Campingutensil	Fischart
Mutter	Schraube mit Mutter	Mutter und Vater
Schimmel	Pilz, z.B. auf Brot oder Käse	weißes Pferd
Brücke	zwei oder mehr falsche Zähne	Bauwerk, z.B. Autobrücke über einen Fluß
Krone	Kopfschmuck des Königs und der Königin	ein falscher Zahn
Ass	Spielkarte	Genie
Ball	kugelförmiges Spielzeug, Sportgerät	Tanzfest
Bar	Druckeinheit	(Nacht)Lokal für v.a. alkoholische Getränke
Kiefer	Nadelbaum	Knochen im Kopf
Pflaster	Straßenbelag	Schutzverband bei kleinen Verletzungen
Sparkasse	Bank	Spardose
Bart	Teil des Schlüssels	männlicher Gesichtsschmuck
Schalter	dort kauft man Fahrkarten	Kontakt zum Einschalten
Mühle	dort macht man Mehl	Spiel
Schloß	Gebäude für König und Königin	Vorrichtung zum Verschließen einer Tür
Birne	Frucht	Glühbirne in der Lampe
Tor	einfältiger Mensch	große Tür
Decke	Ggs. Boden	Wolldecke zum Zudecken
Star	bekannte Persönlichkeit	Vogelart
Fliege	Insekt	statt Krawatte
Strauß	viele Blumen	ein Vogel, der nicht fliegen kann
Läufer	langer schmaler Teppich	Sportler

19 Substantive und Adjektive kombinieren

LERNZIEL:

Wortschatzarbeit, Adjektivendungen

VERLAUF:

Bitten Sie die Lerner, Substantive in Verbindung mit einem Adjektiv zu nennen, z.B. *eine schwarze Katze, ein hervorragender Student*. Machen Sie auch selber mit. Während die Begriffspaare genannt werden, schreiben Sie die Substantive untereinander auf die rechte Seite der Tafel und die unflektierten Adjektive auf die linke, so daß Sie zwei Spalten erhalten.

Fordern Sie die Lerner auf, neue Kombinationen vorzuschlagen und dabei das Adjektiv entsprechend zu verändern, z.B. *ein unordentlicher Student,* und verbinden Sie die beiden Wörter durch eine Linie. Wie viele Kombinationen sind möglich? Wer eine ungewöhnliche Kombination vorschlägt, muß sie begründen. Finden Sie eine Begründung für *eine schwierige Katze*?

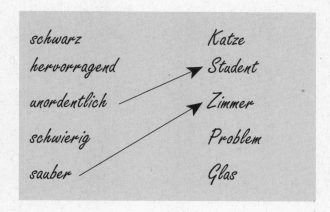

VARIANTE:

Von einer fortgeschrittenen Gruppe können Sie kombinierbare Adverbien und Adjektive suchen lassen z.B. *wirklich schwierig, absolut unmöglich* etc.

20 Die Katze meiner Nachbarin

LERNZIEL:

Wiederholung und Festigung von Adjektiven

VERLAUF:

Zeichnen Sie eine Katze an die Tafel.

Stellen Sie sie als Katze Ihrer Nachbarin vor und sagen Sie: *Die Katze meiner Nachbarin ist eine aggressive Katze.*

Schreiben Sie *aggressiv* an die Tafel und fügen Sie alle Buchstaben des Alphabets unter dem *a* von *aggressiv* hinzu. Fragen Sie nun die Lerner, was sie über die Katze ihrer eigenen Nachbarin sagen können, und ermuntern Sie sie, alle möglichen Eigenschaften in beliebiger Reihenfolge zu nennen. Schreiben Sie die genannten Adjektive jeweils zu dem entsprechenden Buchstaben.

Sie:	*Die Katze meiner Nachbarin ist eine aggressive Katze.*
Lerner/in A:	*Die Katze meiner Nachbarin ist eine hübsche Katze.*
Lerner/in B:	*Die Katze meiner Nachbarin ist eine ruhige Katze.*
Lerner/in C:	*Die Katze meiner Nachbarin ist eine faule Katze.*
Etc.	

Hinweis:
Fordern Sie die Lerner auf, mit den Adjektiven spielerisch umzugehen, und gestatten Sie ihnen etwas „dichterische Freiheit". Zum Beispiel würde man normalerweise nicht sagen *eine schuldige Katze,* aber warum sollte diese amüsante Aus-

drucksweise nicht möglich sein? Wenn den Kursteilnehmern die Übung Spaß macht, können Sie sie nutzen, um neue Adjektive einzuführen. Bitten Sie die Lerner in diesem Fall, ein Wörterbuch zu benutzen.

Sie können auch die von der Gruppe gesammelten Adjektive aufschreiben und die Übung in einer der nächsten Unterrichtsstunden fortsetzen.

VARIANTE 1:

Wenn Sie genügend Zeit zur Verfügung haben, bitten Sie die Lerner zu wiederholen, was die vorhergehenden Personen gesagt haben. Ein/e Lerner/in könnte sich etwa so äußern:
Die Katze meiner Nachbarin ist aggressiv.
Die Katze meiner Nachbarin ist hübsch.
Die Katze meiner Nachbarin ist ruhig.
Die Katze meiner Nachbarin ist faul.

VARIANTE 2:

Bitten Sie die Lerner, zu jedem Buchstaben möglichst viele Adjektive zu nennen, die sich auf eine Katze beziehen können.

VARIANTE 3:

Schreiben Sie den Namen einer berühmten Person unter die Katze. Fordern Sie die Lerner auf, zu jedem der Buchstaben des Namens ein Adjektiv zu nennen, das eine Eigenschaft bezeichnet, die die Katze dieser Person haben sollte.

VARIANTE 4:

Schreiben Sie den Namen einer Kursteilnehmerin an die Tafel, die eine Katze (oder ein anderes Haustier) besitzt, z.B. Sara. Bitten Sie die anderen Teilnehmer, Adjektive zu jedem Buchstaben dieses Namens zu nennen. Sie sollten sich dann bei der Besitzerin vergewissern, ob die Eigenschaft auf ihr Tier zutrifft oder nicht, und entsprechende bejahte oder verneinte Sätze bilden.

Lerner/in A: *Sara, ist deine Katze stur?*
Sara: *Nein, sie ist nicht stur.*
Lerner/in A: *Die Katze von Sara ist nicht stur.*
Lerner/in B: *Sara, ist deine Katze alt?*
Sara: *Ja, sie ist alt.*
Lerner/in B: *Die Katze von Sara ist alt.*

Die Katze meiner Nachbarin

aufgeregt, ängstlich, angespannt, afrikanisch, aggressiv
berühmt, bekannt, braun, beliebt, betrunken, bunt, breit
charmant, cholerisch
dick, dünn, dankbar, damenhaft, dumm
einsam, eingebildet, eitel, ernsthaft, ehrlich
fein, farbig, faul, fleißig
gemein, gefährlich, groß, grau, gelblich, glücklich
hungrig, haarig, häßlich, heilig
imponierend, intelligent
jähzornig, jämmerlich
klein, kämpferisch, krumm, klug
lieb, liebevoll, liebesbedürftig, langweilig, lustig, langsam
mollig, mutig, musikalisch, mürrisch
nobel, neidisch, nützlich
oval, optimistisch, ordentlich
perfekt, pitschnaß, phantasievoll
quadratisch
rot, rauflustig, reich, reizvoll
scheu, scherzhaft, schlampig, schön, schwer, schwach, schnell, seltsam,
sehenswert, stark, stur, stumm
taub, traurig, treu, tyrannisch
untreu, undankbar, unehrlich, unglücklich
verschwiegen, verlegen, vergeßlich, verrückt, violett
wackelig, winzig, wohlhabend, wütend
zauberhaft, zänkisch, zahm, zutraulich

21 Wörter-Bingo

LERNZIEL:

Wortschatzarbeit (Synonyme, Antonyme, Definitionen)

VERLAUF:

Schreiben Sie 10 bis 15 Wörter, die Sie wiederholen möchten, an die Tafel. Bitten Sie die Lerner, fünf davon auszuwählen und aufzuschreiben. Lesen Sie eine Definition der an der Tafel stehenden Wörter in beliebiger Reihenfolge langsam und laut vor. Wer eines der definierten Wörter auf seiner Liste hat, streicht es durch. Die Lerner müssen dabei auf die Bedeutung achten und die Definition zu ihren Wörtern in Beziehung setzen. Wer alle fünf Wörter gestrichen hat, ruft *Bingo!* Notieren Sie auch selber, welche Wörter Sie genannt haben, um nachzuprüfen, ob die Lerner tatsächlich alle fünf Wörter erkannt haben konnten.

VARIANTE:

Will man die richtige Zuordnung von Aussprache und Rechtschreibung üben, wählt man phonetisch schwierige und leicht verwechselbare Wörter und liest diese anstelle der Definitionen vor. Ebenso kann man Synonyme oder Antonyme verwenden.

Hinweis:
Wenn am Ende einer Unterrichtsstunde eine Reihe von Wörtern an der Tafel stehengeblieben sind, kann man diese für ein Wörter-Bingo nutzen.

Definitionen

Blätter	Im Winter fallen sie von den Bäumen.
Egoist	Wir sind es alle, mehr oder weniger.
Geld	Man sagt, es mache nicht glücklich.
Gesundheit	Ohne sie sind wir krank.
hundert	Zehn mal zehn.
Liebe	Sie kann dich glücklich machen.
schwer	Das Gegenteil von leicht.
Wasser	Wenn es sehr kalt ist, fließt es nicht mehr.
Welt	Dreht sich jeden Tag und jedes Jahr.
Winter	In Australien die Monate von Juni bis August.
Zigarette	Das Geld verschwindet als Rauch.
Zeit	Mal vergeht sie schnell, mal langsam, aber nie steht sie.

22 Marsmensch

LERNZIEL:

Umschreiben, Definieren

VERLAUF:

Zeichnen Sie einen „Außerirdischen" an die Tafel.

Halten Sie Ihre Zeigefinger zu beiden Seiten des Kopfes hoch und erklären Sie der Gruppe, daß Sie ein Marsmensch sind. Geben Sie vor, die einfachsten Dinge des täglichen Lebens auf der Erde nicht zu kennen, z.B. Autos, Kaffee, Schiffe, Musik. Sagen Sie auch, daß Sie nur über einen sehr begrenzten Wortschatz im Deutschen verfügen. Die Kursteilnehmer sollen Ihnen nun erklären, was mit all diesen Dingen gemeint ist, aber Sie fragen dauernd nach, als ob Sie nicht verstanden hätten. Zum Beispiel:

Marsmensch:	*Was ist ein Auto?*
Lerner/in A:	*Es ist ein Transportmittel; es dient dazu, sich fortzubewegen.*
Marsmensch:	*Was bedeutet „fortbewegen"?*
Lerner/in B:	*Fortbewegen bedeutet „von einem Ort an einen anderen gehen".*
Marsmensch:	*Wie sieht es aus?*
Lerner/in C:	*Es sieht aus wie ein Kasten auf vier Rädern.*
Marsmensch:	*Was ist ein „Kasten"?*
Etc.	

23 Wörter definieren

LERNZIEL:

Definieren, Relativsätze

VERLAUF:

Schreiben Sie eine Liste von acht bekannten Substantiven mit gleichem Anfangsbuchstaben an die Tafel. (Auf S. 29 finden Sie eine Reihe von Beispielen.)
Bitten Sie nun die Lerner, für jedes Wort eine geeignete Definition zu finden und dabei vorwiegend Relativsätze zu gebrauchen. Hier einige Beispiele:

*Ein **Clown** ist ein Mann, der im Zirkus Späße macht.*
*Ein **Champignon** ist ein Pilz, der von vielen gern gegessen wird.*
*Ein **Campingplatz** ist ein Ort, an dem man zelten kann.*

ERWEITERUNG:

Die Lerner arbeiten zu zweit oder in Kleingruppen. Geben Sie nun jeder Gruppe eine andere Wortliste und lassen Sie sie die Definitionen erstellen. Daraufhin schreibt jede Gruppe ihre Definitionen – ohne die definierten Begriffe – auf ein Blatt Papier und tauscht dieses mit einer anderen Gruppe aus. Nun geht es darum, zu den Definitionen die richtigen Begriffe zu finden und festzustellen, mit welchem Buchstaben sie alle beginnen.
Wenn genügend Zeit vorhanden ist, lassen Sie die Gruppen ihre Ergebnisse vorlesen.

VARIANTE:

Sie können die Wortlisten auch von den Lernern erstellen lassen, anstatt sie ihnen fix und fertig vorzulegen. Dies könnte auch eine Hausaufgabe sein, die die obige Übung für die nächste Unterrichtsstunde vorbereitet.

Niveau 1:

Liste 1	**Liste 2**	**Liste 3**	**Liste 4**
Arbeit	Berg	Cäsar	Dach
Abend	Banane	Chemie	Decke
Ananas	Bank	Chef	Dichter
Affe	Bild	Christbaum	Daumen
Alkohol	Bäcker	Clown	Donnerstag
Anbau	Ball	Comic	Dieb
Ausländer	Bett	Champignon	Dreieck
Antenne	Buch	Campingplatz	Delphin

Liste 5	**Liste 6**	**Liste 7**	**Liste 8**
Ei	Februar	Hase	Nacht
Eingang	Fabrik	Haar	Name
Erde	Fahrkarte	Herbst	Nagel
Ende	Faust	Heizung	Nase
Eisen	Farbe	Herr	Neger
Esel	Fernseher	Hölle	Nation
Erzählung	Fisch	Herz	Null
Engel	Fahrrad	Handschuh	Nonne

Liste 9	**Liste 10**	**Liste 11**	**Liste 12**
Information	Katze	Lampe	Mann
Igel	Kellner	Lama	Mantel
Interview	Kamera	Lastwagen	Mensch
Indianer	Käse	Leiter	Mikrophon
Ingenieur	Kette	Löffel	Motorrad
Insel	Kaffee	Lüge	Monat
Idiot	Kind	Lohn	Mutter
Irrtum	Karte	Leber	Mund

Niveau 2:

Liste 13	**Liste 14**	**Liste 15**	**Liste 16**
Parlament	Reichtum	Gabel	Verkehr
Partei	Rechtsanwalt	Garten	Vakuum
Problem	Respekt	Gedanke	Vampir
Pförtner	Restaurant	Geist	Verbrauch
Profi	Rettung	General	Verbot
Prinz	Rekord	Gepäck	Vermögen
Planet	Reue	Gramm	Verhaftung
Predigt	Risiko	Gymnasium	Verb

Liste 17	**Liste 18**	**Liste 19**	**Liste 20**
Staat	Feuchtigkeit	Ozean	Diskussion
Spedition	Flucht	Ohr	Dunkelheit
Skelett	Fleiß	Ordnung	Druck
Sonderling	Faden	Olympiade	Dressur
Seuche	Feind	Orange	Delikatesse
Spielzeug	Fieber	Orang-Utang	Direktor
Strafe	Flugzeug	Onkel	Dorf
Streik	Fortsetzung	Ochse	Dankbarkeit

24 Wie viele Dinge entsprechen dieser Definition?

LERNZIEL:

Wortschatz

VERLAUF:

Bilden Sie Kleingruppen. Die Lerner versuchen, möglichst viele Gegenstände zu finden und aufzulisten, die auf eine bestimmte von Ihnen gegebene Definition passen. Hier ein Beispiel:
Sie sagen: *Denken Sie an Gegenstände, die so klein sind, daß sie in eine Streichholzschachtel passen.* (In der BOX finden Sie weitere Beispiele.)
Nachdem die Gruppen zwei bis drei Minuten lang Zeit hatten, um ihre Ideen aufzulisten, werden sämtliche Wörter an die Tafel geschrieben, oder es wird im Sinne eines Wettbewerbs verglichen, welche Gruppe die meisten gültigen Wörter gefunden hat.

Definitionen

Welche Gegenstände ...

... sind rechteckig?
... sind rund?
... sind lang und schmal?
... machen Lärm?
... sind aus Holz/Glas/Papier/ Metall?
... sind hübsch?
... haben einen Griff?
... dienen als Sitzgelegenheit?
... kann man öffnen und schließen?

25 Wozu passen die Adjektive?

LERNZIEL:

Wortschatzwiederholung

VERLAUF:

Schreiben Sie drei Adjektive an die Tafel, z.B.:

schön   gefährlich   nützlich

Fordern Sie die Lerner auf, Dinge zu nennen, die mit allen drei Adjektiven beschrieben werden können. Zum Beispiel:

ein Auto – das Feuer – eine Reise

VARIANTE:

Die Lerner notieren in Zweiergruppen drei Adjektive und so viele Dinge wie möglich, die mit diesen Adjektiven beschrieben werden können. Schreiben Sie danach die drei Adjektive einer Gruppe an die Tafel, und bitten Sie die übrigen Kursteilnehmer, dazu passende Dinge zu nennen. Anschließend werden die gesammelten Begriffe mit denen der Zweiergruppe verglichen.
Weitere Beispiele für Adjektiv-Kombinationen finden Sie in der BOX.

Adjektive

hübsch, groß, kalt	teuer, schwer, interessant
grün, neu, teuer	verführerisch, aufregend, gefährlich
klein, froh, frei	lang, fein, nützlich
klein, laut, dick	schnell, großartig, teuer
teuer, phantastisch, warm	lustig, klein, fein

26 Familienstammbaum

LERNZIEL:

Hörverstehen, Notizen machen, Wortfeld: Verwandtschaftsbezeichnungen

VERLAUF:

Vergewissern Sie sich, daß alle wissen, was ein Familienstammbaum ist, geben Sie bei Bedarf eine Erklärung.

Beschreiben Sie eine Familie. Die Lerner zeichnen währenddessen den entsprechenden Stammbaum mit den genannten Personen. Die Beschreibung *Tobias und Sabine sind verheiratet und haben zwei Kinder. Das ältere heißt Claudia, das jüngere Marc* würde zu dem folgenden einfachen Stammbaum führen:

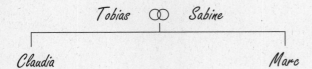

Bedenken Sie, daß es sich gewissermaßen um ein Diktat handelt, und stellen Sie sicher, daß die Lerner genügend Zeit zum Überlegen und Schreiben haben.

Zeichnen Sie anschließend den Stammbaum an die Tafel, damit die Lerner ihre Ergebnisse überprüfen können.

VARIANTE:

Nachdem diese Aktivität einmal durchgeführt wurde, können die Lerner versuchen, sich gegenseitig den Stammbaum ihrer eigenen Familie zu beschreiben.

Hinweis:
Für diese Aktivität können Sie einen Phantasie-Stammbaum verwenden. Motivierender ist jedoch der Stammbaum einer authentischen Familie, z.B. aus einer Fernsehserie oder vielleicht dem englischen Königshaus.

Die englische Königsfamilie

Das Haupt der englischen Königsfamilie ist Königin Elisabeth II., die mit Prinz Philip verheiratet ist. Ihr ältester Sohn Prinz Charles ist mit Lady Diana verheiratet und hat mit ihr die Kinder Prinz William und Prinz Henry. Das zweitälteste Kind von Königin Elisabeth ist Prinzessin Anne, die mit ihrem ersten Ehemann Mark Phillips die Kinder Peter und Zara hat. Der jüngere Bruder von Prinzessin Anne ist Prinz Andrew, der mit Sarah Ferguson die Kinder Prinzessin Beatrice und Prinzessin Eugenie hat. Der jüngste Sohn von Königin Elisabeth und Prinz Philip ist der bisher unverheiratete und kinderlose Prinz Edward. Elisabeth hat eine jüngere Schwester namens Prinzessin Margaret, die mit Earl of Snowdon verheiratet war.

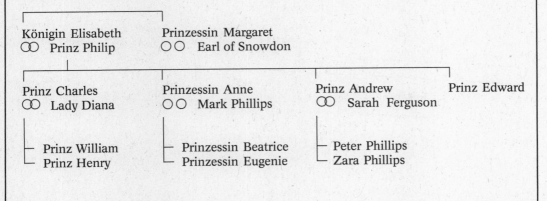

27 Der Traum-Unterrichtsraum

LERNZIEL:

Wortschatz: Einrichtungsgegenstände; Präpositionen; Konjunktiv

VERLAUF:

Laden Sie die Lerner ein, sich vorzustellen, daß der Unterrichtsraum völlig leer sei: keine Möbel, keine Menschen, nichts. Die Lerner sollen sich nun überlegen, wie sie den Raum nach ihren Vorstellungen gestalten würden. Lassen Sie sie dann das Ergebnis ihrer Wunschphantasie beschreiben, z.B. so:

Auf den Boden würde ich einen hellen Teppich legen.
Auf das Fensterbrett würde ich Pflanzen stellen.
In die linke Ecke käme ein Tischchen für einen Fernseher.

28 Welche Wörter passen zusammen?

LERNZIEL:

Wortschatzarbeit

VERLAUF:

Wählen Sie ein Wortfeld, das Sie mit den Lernern wiederholen möchten. Bitten Sie sie, Ihnen Wörter zuzurufen, die ihnen dazu einfallen. Zwei Personen sind „Sekretär/in" und schreiben die genannten Wörter an die Tafel.

Wenn eine gewisse Anzahl von Wörtern zusammengekommen ist, bitten Sie die Lerner, sich möglichst viele Möglichkeiten zu überlegen, in welcher Weise sich diese Wörter gruppieren lassen.

Wenn Sie farbige Kreide haben (oder Farbstifte für das Flip-chart oder auch eine Folie), bitten Sie die „Sekretäre", die Wörter, die zu einer Gruppe gehören, einzurahmen.

Hinweis:
Anstatt die Wörter mit farbiger Kreide zu markieren, können Sie sie auch schnell mit Filzstift auf Zettel schreiben und anschließend an der Tafel befestigen. Die Streifen können dann von Gruppe zu Gruppe hin- und herbewegt werden.

VARIANTE:

Bitten Sie je zwei Lerner, ihre Wörter in Gruppen aufzuschreiben und zu berichten, welche Wortgruppen sie gefunden haben. Sie sollten zugleich angeben können, worin die Gemeinsamkeit der Wörter einer Gruppe besteht, z.B.: Alle diese Wörter bezeichnen Motorfahrzeuge.

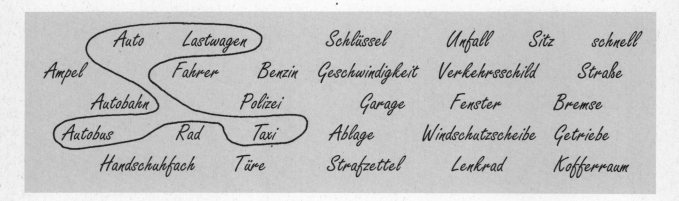

29 Streichen Sie eins aus!

LERNZIEL:

Wortschatzwiederholung

VERLAUF:

Schreiben Sie sechs beliebige Wörter an die Tafel, z.B.:

Stuhl	*Tisch*	*Fenster*
Schrank	*Schreibtisch*	*Bild*

Fragen Sie nun die Lerner, welches Wort nicht in die Reihe paßt und warum (z.B. *Fenster, weil es der einzige durchsichtige Gegenstand ist*). Schla-gen Sie nun den Lernern vor, ein weiteres Wort zu finden, das unter einem anderen Gesichtspunkt nicht in die Reihe paßt (z.B. *Stuhl, weil es der einzige Gegenstand ist, der zum Sitzen dient*).

VARIANTE:

Jedesmal, wenn Sie sich mit den Lernern auf ein Wort geeinigt haben, das nicht in die Reihe paßt, löschen Sie es, bis schließlich nur mehr zwei Wörter übrigbleiben. Daraufhin bitten Sie die Lerner, zehn Aspekte zu finden, unter denen diese beiden Wörter verschieden sind.

In der nachstehenden BOX finden Sie eine Auswahl von passenden Wortgruppen.

Streichen Sie eins aus!

1. Fleischer, Apotheker, Pfarrer, Fußballspieler, Fotograf, Mutter
2. Mütze, Hose, Hemd, Handkoffer, Kleid, Trainingsanzug
3. Konditorei, Bar, Kino, Bank, Supermarkt, Obsthandlung
4. Kerze, Tennis, Ski, Schwimmen, Fußball, Schlittschuhlaufen
5. Netz, Ball, Tennisschläger, Fahrrad, Schiedsrichter
6. Ziege, Pferd, Kuh, Gans, Tiger, Gorilla
7. angenehm, groß, schnell, schön, alt, gültig
8. Straße, Verkehrsampel, Wagen, Bus, Bahn, Marktplatz
9. Land, Landstraße, Wald, Berg, Fluß, Haus
10. unter, hinter, über, mit, vor, gegenüber

30 Wörtertreppen

LERNZIEL:

Wortschatzwiederholung

VERLAUF:

Zeichnen Sie eine Reihe von Treppenstufen an die Tafel. Schreiben Sie *warm* auf eine Stufe in der Mitte und fragen Sie die Lerner, was sie auf die anderen Stufen, die „wärmer" bzw. „weniger warm" sind, schreiben würden. Hier zwei Beispiele:

Niveau: Leicht Fortgeschrittene

heiß
warm
kühl
kalt

Niveau: Fortgeschrittene

glühend
heiß
warm
angenehm
kühl
kalt
eisig

VARIANTE 1:

Wählen Sie Begriffe aus, die in irgendeiner Weise nach objektiven Kriterien gestuft werden können. Metalle kann man beispielsweise nach ihrem Wert einteilen:

Weitere Beispiele können Sie der nachstehenden BOX entnehmen.

Gold
Silber
Blei
Zinn
Eisen

VARIANTE 2:

Verwenden Sie Begriffe, die nur nach subjektiven Kriterien gestuft werden können. Beispielsweise kann man Tiere nach ihrem Gefährlichkeitsgrad einteilen. Sind Sie mit dieser Rangfolge einverstanden?

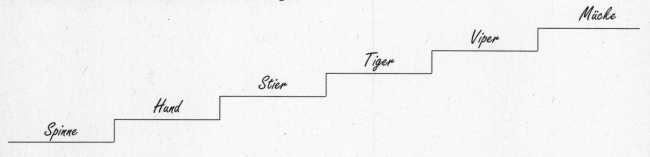

Mücke
Viper
Tiger
Stier
Hund
Spinne

Fordern Sie die Lerner auf, mit jedem Wort einen Satz zu bilden, in dem zum Ausdruck gebracht wird, welche Stellung dieses Wort innerhalb der Rangfolge einnimmt. (z.B. *Der Hund ist gefährli-* *cher als die Spinne, aber weniger gefährlich als der Stier.*) Zu diesem Zweck ist es sinnvoll, die Wörter untereinander zu schreiben und die Sätze daneben anzuordnen.

Wörtertreppen

Niveau: Leicht Fortgeschrittene

Geschwindigkeit:	zu Fuß, Fahrrad, Straßenbahn, Bus, Bahn, Flugzeug
Gewicht:	Gold, Holz, Eisen, Blei
Preis:	1 Kilo Mehl (2,40 DM), 1 Liter Milch (1,60 DM), 1 Dutzend Eier (2,40 DM), 1 Pfund Butter (5,10 DM)
Höhe:	der Himalaya (Mont Everest: 8848m), die Anden (Aconcagua in Argentinien: 6959m), die Alpen (Mont-Blanc: 4807m), die Rocky Mountains (4400m), die Pyrenäen (3400m), die Apenninen (Gran Sasso: 2914m)
Entfernung:	Rom – Neapel (219 km), Paris – Lyon (461 km), Stockholm – Oslo (535 km), Madrid – Barcelona (630 km), Monaco – Berlin (1569 km)

Niveau: Fortgeschrittene

Eigenschaft:	sehr schlecht, schlecht, vernünftig, gut, sehr gut, hervorragend
Ausdehnung:	winzig, sehr klein, klein, groß, sehr groß, riesenhaft, unermeßlich, unendlich
Häufigkeit:	nie, fast nie, selten, manchmal, gelegentlich, öfters, regelmäßig, immer
Kalorien:	1 Zitrone (20), 1 Orange (60), 1 Ei (80), 1 Banane (140), 100 gr. gebratene Kartoffeln (160), 1 Stück Torte (300)
Erfindungsdatum:	das Porzellan (1000 v.Chr. in China), der Druck (1439 von Gutenberg), die Dampfmaschine (1769 von dem Engländer J. Watts), die Fotografie (1826 von dem Franzosen F. Niepce), das Telefon (1876 von dem Amerikaner G. Bell), der Verbrennungsmotor (1883), das Fernsehen (1935)

I. Vom Satz zum Text

31 Durcheinandergewürfelte Sätze

LERNZIEL:

Satzbau

VERLAUF:

Wählen Sie einen Satz aus dem Lehrbuch aus, und schreiben Sie die einzelnen Wörter in ungeordneter Reihenfolge an die Tafel:

> früh   der   muß   während
> ich   Woche   schlafen

Die Lerner ermitteln den ursprünglichen Satz und schreiben ihn auf:
Während der Woche muß ich früh schlafen.

Oder:
Ich muß während der Woche früh schlafen.
Wenn Sie etwas mehr Zeit zur Verfügung haben, geben Sie mehrere solcher Sätze an, und bitten Sie die Lerner, in einer vorgegebenen Zeitspanne möglichst viele Sätze zu entschlüsseln.

VARIANTE:

Diktieren Sie die durcheinandergewürfelten Sätze, anstatt sie an die Tafel zu schreiben; die Kursteilnehmer schreiben mit und tragen ihre Lösung mündlich vor.

Hinweis:
Diese Aktivität eignet sich auch, um bestimmte grammatische Phänomene zu wiederholen. Wählen Sie in dem Fall Sätze aus einer Grammatikübung.

32 Sätze verändern

LERNZIEL:

Satzbau

VERLAUF:

Wählen Sie ein einfaches Satzmuster aus, das auf einer grammatischen Struktur basiert, die Sie vor kurzem eingeführt haben.
Wenn Sie z.B. Sätze mit Dativ- und Akkusativobjekt behandelt haben, nehmen Sie einen Satz wie:
Hans schreibt seiner Schwester einen Brief.
Die Lerner suchen Variationsmöglichkeiten dieses Satzes, indem sie beispielsweise jeweils ein Element austauschen: *Hans schreibt seiner Frau einen Brief.* Oder sie ersetzen so viele Elemente, wie sie wollen, wobei die Struktur des ursprünglichen Satzes erhalten bleiben muß: *Der Pilot schickt dem Kapitän ein Päckchen.*
Im Lehrbuch wird von den Lernern in der Regel erwartet, daß sie sinnvolle Sätze bilden, wie:
Das Mädchen zeigt seiner Schwester die Puppe.
Um eine kurze und unterhaltsame Aktivität daraus zu machen, fordern Sie die Lerner auf, möglichst unsinnige Kombinationen herzustellen, z.B.:
Der Wirt gibt dem Pferd ein Bier.

VARIANTE:

Einige Lehrbücher enthalten Tabellen, um die Lerner bei der korrekten Satzbildung zu steuern.

Die Mädchen	geben	die Jungen	die Schokolade.
Der Hund	zeigen	der Beamte	der Ball.
Der Politiker	holen	sein Bruder	das Geschenk.
Viele Leute		das Mädchen	das Bild.

LERNZIEL:

Satzbau

VORBEREITUNG:

Für diese Aktivität benötigen Sie dicke Filzstifte und Streifen aus Papier oder Pappe. Am einfachsten ist es, ein DIN A4-Blatt in vier Streifen zu zerschneiden. (Eine gute Quelle für farbige Pappe sind übrigens Druckereien, die diese Reste oft kostenlos abgeben.)

Wenn Sie Zeit haben, wählen Sie vor Unterrichtsbeginn einen Satz aus und schreiben Sie die einzelnen Wörter auf die Papierstreifen, pro Streifen ein Wort. Wenn Sie nicht genügend Zeit haben, bitten Sie die Kursteilnehmer zu Beginn der Stunde, Ihnen zu helfen. Wählen Sie jedenfalls einen Satz, der eine ausgewogene Anzahl von Wörtern und Wortarten enthält, so daß sich viele Kombinationsmöglichkeiten für neue Sätze daraus ergeben.

Die einfachste Art, eine ausreichende Vielfalt an Wörtern sicherzustellen, besteht darin, einen Satz aus dem Lehrbuch zu nehmen und dann weitere Wörter für die verschiedenen Satzteile hinzuzufügen.

Sie brauchen zwischen fünf und fünfzehn Wortkarten.

VERLAUF:

Bitten Sie die Lerner, nacheinander nach vorne zu kommen, sich mit dem Gesicht zur Gruppe aufzustellen und ihre Wortkarte hochzuhalten. Die neu hinzukommenden Lerner sollen sich so zwischen den bereits vorne stehenden plazieren, daß die

Wörter einen Satz bilden. Wenn das Entstehen eines Satzes zu erkennen ist, kann es erforderlich sein, daß einzelne Personen ihre Position innerhalb des Satzes noch einmal verändern müssen.

Hinweis:
Diese Aktivität erlaubt eine intensive Auseinandersetzung mit Problemen des Satzbaus in einer Form, die den meisten Kursteilnehmern zusagt. Wenn Sie wollen, können Sie auch ein paar leere Karten als „Joker" ausgeben, für den ein beliebiges Wort eingesetzt werden kann.

VARIANTE 1:

Schreiben Sie ein Wort auf eine Karte, das das erste Wort eines Satzes sein könnte. Bitten Sie eine/n Kursteilnehmer/in, ein Wort, das sich daran anschließen könnte, zu nennen, auf eine Karte zu schreiben und sich mit der Karte in der Reihe aufzustellen. Fahren Sie in gleicher Weise fort, bis ein Satz entstanden ist.

Auch bereits vollständige Sätze lassen sich auf diese Weise verlängern, indem die Teilnehmer beispielsweise Adjektive oder Adverbien hinzufügen. Ziel der Übung ist es, daß am Ende möglichst viele Lerner vorne stehen und einen Teil des Satzes bilden.

VARIANTE 2:

Eine andere Möglichkeit besteht darin, Wörter durch andere zu ersetzen, z.B. Substantive durch Pronomen. Derjenige, der das Substantiv in der Hand hält, muß sich hinsetzen, wenn sein Wort durch ein Pronomen ersetzt wird.

34 Sätze verkürzen

LERNZIEL:

Satzbau, Reduktion von Sätzen

VERLAUF:

Wählen Sie einen Satz oder Text mit 15 bis 30 Wörtern aus – gegebenenfalls aus dem Lehrbuch – und schreiben Sie ihn an die Tafel. Nun bitten Sie die Lerner, diesen Satz bzw. Text schrittweise zu verkürzen, wobei jeweils ein bis drei aufeinanderfolgende Wörter gestrichen werden. Dabei muß der Satz/Text in jeder Phase grammatikalisch richtig sein, wenn sich auch der Sinn verändern kann. Hier ein Beispiel:

Eines Nachmittags im Mai war ich auf dem Marktplatz nahe bei dem Museum, als Michael mit einem hübschen Mädchen vorbeikam.

Eines Nachmittags war ich auf dem Marktplatz nahe bei dem Museum, als Michael mit einem hübschen Mädchen vorbeikam.

Eines Nachmittags war ich auf dem Marktplatz nahe bei dem Museum, als Michael mit einem Mädchen vorbeikam.

Eines Nachmittags war ich auf dem Marktplatz bei dem Museum, als Michael mit einem Mädchen vorbeikam.

Eines Nachmittags war ich auf dem Marktplatz bei dem Museum, als Michael vorbeikam.

War ich auf dem Marktplatz bei dem Museum, als Michael vorbeikam?

War ich auf dem Marktplatz bei dem Museum?

Auf dem Marktplatz?

VARIANTE:

Zum Schluß versuchen die Lerner, den ursprünglichen Text/Satz zu rekonstruieren.

35 Texte erweitern

LERNZIEL:

Satzbau, Texterweiterung

VERLAUF:

Schreiben Sie eine bestimmte Verbform an die Tafel. Die Lerner fügen nach und nach jeweils ein bis drei Wörter am Ende des Satzes hinzu, wobei die so entstehenden neuen Sätze in jeder Phase grammatikalisch richtig sein müssen. Die Interpunktion kann nach Belieben geändert werden. Hier ein Beispiel:

Arbeite!

Arbeite schneller!

Arbeite schneller, sagt der Lehrer!

Arbeite schneller, sagt der Lehrer böse!

Arbeite schneller, sagt der Lehrer böse zu seinem Schüler!

Arbeite schneller, sagt der Lehrer böse zu seinem Schüler, der gerade spricht!

VARIANTE:

Es kann vereinbart werden, daß die Wörter auch am Anfang und innerhalb des vorhandenen Satzes hinzugefügt werden dürfen. Das sähe dann bei dem obigen Beispiel möglicherweise so aus:

Arbeite!

Der Lehrer sagt: arbeite!

Hör, der Lehrer sagt: arbeite!

Ulrike, hör, der Lehrer sagt: arbeite!

Ulrike, hör doch, der Lehrer sagt: arbeite!

36 Überschriften erweitern

LERNZIEL:

Satzbau

VERLAUF:

Entnehmen Sie einer deutschen Zeitung eine Überschrift, und schreiben Sie sie an die Tafel, oder diktieren Sie sie den Lernern, z.B.:
Kanzler in Japan.
Die Lerner bilden daraus einen kompletten Satz, z. B.:
Der deutsche Bundeskanzler befindet sich zu einem offiziellen Staatsbesuch in Japan.
In der nachstehenden BOX finden Sie weitere Überschriften aus Zeitungen und Zeitschriften, die Sie für diese Übung verwenden können.

VARIANTE:

Sie können den Lernern auch die Aufgabe stellen, die Überschrift durch weitere Informationen anzureichern. Dies könnte beim obigen Beispiel so aussehen: *Kanzler und Wirtschaftsminister in Japan* und so in einen kompletten Satz übertragen werden: *Der deutsche Bundeskanzler sowie der Wirtschaftsminister befinden sich derzeit zu einem offiziellen Staatsbesuch in Japan, um die wirtschaftlichen Beziehungen zwischen beiden Ländern zu vertiefen.* Wem gelingt es, den längsten und inhaltsreichsten Satz zu bilden?

Headlines

Höhere Löhne gefordert
Atomschmuggel: „Angebot ja, Nachfrage nein"
Wildschwein überfahren: Autofahrerin starb
5,6 Mio. Dollar aus Dankbarkeit an US-Regierung
Machtkampf in Polen
60% Altpapier für Zeitungen
Aids nach Knochen-Transplantation
Fußballbundestrainer erwägt Gang vors Gericht

37 Wörter löschen und ersetzen

LERNZIEL:

Satzbau; Transformation eines Satzes

VERLAUF:

Schreiben Sie einen Satz von etwa zehn Wörtern an die Tafel oder auf eine Folie; Sie können einen Satz aus dem Lehrbuch verwenden.

Um zwölf Uhr kam Pit nach Hause zurück.

Bitten Sie nun die Lerner, Elemente dieses Satzes auszutauschen: ein, zwei oder drei Wörter dürfen ausgewischt und durch andere (nicht unbedingt in der gleichen Anzahl oder hintereinander) ersetzt werden.

Um zwölf Uhr nachts kam Pit nach Hause zurück.
Vor zwölf Uhr nachts kam Pit nie nach Hause zurück.
Nach zwölf Uhr mittags kam Pit nie von der Arbeit zurück.

Und so weiter.
Anders als in Übung 32 auf S. 36 muß die grammatische Struktur des ursprünglichen Satzes nicht beibehalten werden, es geht nur darum, daß der Satz in sich sprachlich korrekt bleibt.

38 Satzanfänge

LERNZIEL:

Hörverstehen, Sprechen, kreatives Schreiben

VERLAUF:

Diktieren Sie den Beginn eines Satzes. Die Lerner schreiben den Satzanfang auf, und jede/r führt ihn für sich zu Ende. Wenn genügend Zeit vorhanden ist und Interesse besteht, können die Lerner anschließend zu zweit oder in Kleingruppen ihre Sätze miteinander vergleichen und besprechen.

Satzanfänge

Ich fühle mich immer wohl, wenn ...
Die beste Zeit des Tages ist ...
Wenn du in diesem Land wohnst, darfst du nie ...
Sicher morgen mittag ...
Die Lehrer müßten sich sehr anstrengen, um ...
Was ich wissen möchte, ist, ob ...
Wenn ich Millionär wäre, könnte ich ...
Die meisten Leute, die ich kenne, scheinen ...
Ich möchte Deutsch lernen, weil ...

39 Gedichtanfänge

LERNZIEL:

Kreatives Schreiben, Sprechen, Hörverstehen

VERLAUF:

Schreiben Sie an die Tafel:

Jung sein heißt ...

Bitten Sie die Lerner, mögliche Formulierungen zu nennen, mit denen ihrer Meinung nach dieser Satzanfang fortgesetzt werden kann.
Wenn genügend Zeit zur Verfügung steht, fordern Sie die Lerner auf, in Zweiergruppen zu arbeiten und vier Zeilen nach dem angegebenen Muster zu vervollständigen, danach aber eine fünfte hinzuzufügen, die davon abweicht. So erhält die Satzfolge beinahe den Charakter eines Gedichts. Z.B.:

Jung sein heißt Freunde haben.
Jung sein heißt Freunde verlieren.
Jung sein heißt über Examen sprechen.
Jung sein heißt fragen,
ob es eine Zukunft gibt.

Gedichtanfänge

Alt sein heißt ...	Ohne dich ...	Wenn ich könnte ...
Langeweile ist ...	Ich erinnere mich ...	Wenn ich 64 bin ...
Liebe ist, wenn ...	Ich erinnere mich nicht an ...	
Ein Freund ist ...	Ich möchte gern ...	

LERNZIEL:

Schreiben

VERLAUF:

Geben Sie den Lernern genau fünf Minuten Zeit, um über etwas zu schreiben. Wählen Sie ein Thema, von dem Sie glauben, daß es die Lerner anspricht, und ermuntern Sie sie, eher persönliche als allgemeine Aussagen zu machen (siehe BOX). Kündigen Sie an, daß Sie in diesen Texten, die Sie einsammeln werden, keine sprachlichen Fehler korrigieren, sondern Ihr Augenmerk ganz auf die beschriebenen Gedanken und Erfahrungen richten werden. (Sie können ja Fehler von allgemeinem Interesse notieren und bei späterer Gelegenheit zum Übungsgegenstand machen.)

Kommentieren Sie die Lernertexte in der nächsten Stunde und wählen Sie einige aus, die Sie laut vorlesen, nachdem Sie etwaige sprachliche Fehler stillschweigend richtiggestellt haben.

VARIANTE:

Die Lerner lesen nach Ablauf der fünf Minuten reihum vor, was sie geschrieben haben.

Themen für Fünf-Minuten-Texte

Das Beste an der heutigen Unterrichtsstunde.
Das Schlechteste an der heutigen Unterrichtsstunde.
Das Beste, was heute geschehen ist.
Ein Augenblick der Eifersucht.
Eine großzügige Handlung.
Was bedeutet Freundschaft?
Eine Straße.
Eine Tür.
Ein Dilemma.
Eine Erinnerung aus der Kindheit.
Eine Erinnerung aus der Schulzeit.
Was fällt mir gerade ein?
Ein Ort, den ich kenne.
Eine Person, die ich kenne.
Etwas, was ich (nicht) gerne mache.
Meine liebste Fernsehsendung.
Was mir, von dem, was ich habe, am meisten gefällt.
Ein unerwartetes Treffen.

41 Du schreibst als nächste/r

LERNZIEL:

Kurze Sätze schreiben

VERLAUF:

Bitten Sie die Lerner, ein Blatt Papier zu nehmen und oben auf die Seite einen Satz zu schreiben. Es kann sich um eine einfache Feststellung, eine Meinungsäußerung oder eine Frage handeln. Zum Beispiel:

Was machen Sie nach dem Unterricht? Oder:
Heute ist es sehr kalt. Oder:
Ich hasse Leute, die vor Kindern rauchen.

Anschließend geben die Lerner das Blatt an ihren Nachbarn bzw. ihre Nachbarin weiter, der/die nun eine Antwort, einen Kommentar oder eine weitere Frage darunterschreibt und das Blatt wiederum weitergibt usw. Das Papier wird nicht gefaltet, so daß alle vorausgehenden Beiträge für jede/n, der/die etwas hinzufügt, lesbar sind.
Bitten Sie die Lerner nach etwa fünf Runden, die Sätze vorzulesen; das Ergebnis ist oft sehr amüsant.

Hinweis:
Natürlich kann diese Aktivität statt in Einzel- auch in Partnerarbeit durchgeführt werden.

VARIANTE:

Ein Lerner schreibt einen Satz auf ein Blatt Papier; der nächste versucht, diesen Satz in eine Zeichnung umzusetzen. Danach wird das Blatt so gefaltet, daß nicht mehr der Satz, sondern nur noch die Zeichnung zu sehen ist. Diese muß vom nachfolgenden Lerner wiederum in einen Satz umgeformt werden usw.

42 Kettengeschichte

LERNZIEL:

Erzählen; Vergangenheitszeiten

VERLAUF:

Erzählen Sie den Anfang einer Geschichte, es kann eine frei erfundene sein. Sie können aber auch die ersten Zeilen aus einem Lehrbuchtext nehmen, oder Sie bitten einen der Lerner, mit dem Erzählen einer Geschichte zu beginnen. Dann fügt jede/r aus der Gruppe reihum eine kleine Fortsetzung hinzu.

VARIANTE:

Vor Beginn fordern Sie jede/n Lerner/in auf, ein Wort zu wählen. Es kann eine vor kurzem gelernte Vokabel sein, ein Verb in einer Vergangenheitsform oder ein beliebiges Wort. Bei der Fortsetzung der Geschichte muß jede/r das gewählte Wort unterbringen.

Hinweis:
In Anfängerkursen kann man die Geschichte auch im Präsens erzählen.

IV. Grammatik in Aktion

43 Korrigieren Sie die Fehler

LERNZIEL:

Fehler erkennen und korrigieren

VERLAUF:

Schreiben Sie einige fehlerhafte Sätze an die Tafel. Wenn Sie wollen, sagen Sie den Lernern, wie viele Fehler in den einzelnen Sätzen enthalten sind. Zusammen mit den Lernern korrigieren Sie die Fehler an der Tafel.

In der nachstehenden Box finden Sie – nach Schwierigkeitsgrad gestuft – einige fehlerhafte Sätze mit der entsprechenden Korrektur. Sie können aber auch Beispiele aus den Arbeiten der Lerner (Hausaufgaben etc.) wählen, wobei Sie natürlich nicht erwähnen, von wem die Fehler stammen.

Hinweis:

Es empfiehlt sich, von Anfang an klarzustellen, daß die präsentierten Sätze Fehler enthalten, und es ist wichtig, die Korrekturen an der Tafel deutlich sichtbar zu machen, so daß den Lernern am Schluß der Übung jeweils der richtige Satz vor Augen steht.

Fehlerkorrektur

Niveau 1:
1. Ich habe 14 Jahre. – Ich bin 14 Jahre alt.
2. Dann der Lehrer sagt ... – Dann sagt der Lehrer ...
3. Heute haben wir keine Klasse. – Heute haben wir keinen Unterricht.
4. Welche Stunde ist? – Wieviel Uhr ist es?

Niveau 2:
1. Er gewinnt mich im Laufen. – Er besiegt mich im Laufen.
2. Er heiratet sich mit Michaela. – Er heiratet Michaela.
3. Er erinnert das nicht mehr. – Er erinnert sich nicht mehr daran.
4. Das Bild ist mehr schön. – Das Bild ist schöner.

Niveau 3:
1. Welche Farbe geht gut damit? – Welche Farbe paßt gut dazu?
2. Er zieht den Hut an. – Er setzt den Hut auf.
3. Ich habe den Bus verloren. – Ich habe den Bus verpaßt.
4. Für was wollen Sie das Buch? – Wofür wollen Sie das Buch?

44 Hören Sie die Fehler?

LERNZIEL:

Fehler erkennen und korrigieren

VERLAUF:

Erzählen Sie den Lernern eine ihnen bereits bekannte Geschichte, oder lesen Sie ihnen einen Text aus dem Lehrbuch vor, den sie gut kennen. Dabei streuen Sie bewußt eindeutige Fehler ein. Die Lerner heben die Hand, sobald sie einen Fehler bemerken, und schlagen eine Korrektur vor; oder sie notieren alle Fehler, um sie nachträglich zu besprechen, sobald Sie mit dem Lesen zu Ende sind.

45 Kettenübung

LERNZIEL:

Wortschatz; gezielte Grammatikwiederholung, z.B. Adjektivendung im Akkusativ

VERLAUF:

Beginnen Sie, indem Sie den Lernern sagen, daß Sie einen Koffer packen, z.B.:
Ich packe in meinen Koffer einen warmen Schlafanzug.
Bitten Sie dann eine/n Teilnehmer/in zu wiederholen und ein weiteres Teil hinzuzufügen, z.B.:
Ich packe in meinen Koffer einen warmen Schlafanzug und eine schwarze Hose.
Der/die nächste Lerner/in fügt vielleicht hinzu:
Ich packe in meinen Koffer einen warmen Schlafanzug, eine schwarze Hose und ein dickes Buch.

Natürlich wird es immer schwieriger, alles zu behalten, aber die Gruppe darf mithelfen, die Vorlieben der einzelnen zu rekonstruieren.

VARIANTE:

Anstelle von *Ich packe in meinen Koffer* können beispielsweise auch folgende Strukturen verwendet werden:
Ich möchte ... kaufen
Wenn ich dir etwas schenken könnte ...

Statt der Objekte können auch die Subjekte für die Kette dienen:
Dem Lehrer gefällt klassische Musik, Daniel gefällt Rockmusik und mir gefällt ...
Gestern ist Tim ins Kino gegangen, Peter hat ...

Hinweis:
Anstatt die Kettenübung in der Reihenfolge der Sitzordnung durchzuführen, können Sie auch einen Ball einsetzen, den die Kursteilnehmer demjenigen zuwerfen, der als nächste die Kette fortsetzt. So ist der Überraschungseffekt, wann man an die Reihe kommt, größer, und der letzte in der Sitzordnung braucht nicht zu befürchten, den längsten Satz bilden zu müssen.

46 Zahlendiktat

LERNZIEL:

Hörverstehen – Zahlen

VERLAUF:

Diktieren Sie eine Reihe von deutschen Zahlen, die sowohl Sie als auch die Lerner in Ziffern aufschreiben. Geben Sie Gelegenheit zur Überprüfung, indem Sie danach die Zahlen in Ziffern an die Tafel schreiben oder indem Sie die Lerner bitten, ihre Zahlen in Worten mündlich vorzutragen.

VARIANTE:

Fragen Sie die Lerner nach der Summe sämtlicher notierter Zahlen. Stimmt die Endzahl bei allen überein?

47 Zahlen addieren

LERNZIEL:

Grundzahlen – Hörverstehen und Diktat

VERLAUF:

Lerner/in 1 diktiert eine zweistellige Zahl; alle schreiben mit. Lerner/in 2 diktiert eine zweite Zahl, die ebenfalls alle mitschreiben und mit der ersten addieren. Jedesmal wenn eine neue Zahl diktiert wird, wird sie niedergeschrieben und dazugezählt. Kommen am Ende alle auf dieselbe Summe? Wenn Taschenrechner vorhanden sind, können sie verwendet werden.

VARIANTE:

Natürlich können auch sehr hohe Zahlen, Dezimalzahlen oder Brüche verwendet werden, wenn die Übung anspruchsvoller ausgerichtet sein soll.

48 Adjektive darstellen

LERNZIEL:

Adverbial gebrauchte Adjektive; Imperativ

VERLAUF:

Schicken Sie eine/n Lerner/in vor die Tür, während sich aus der übrigen Gruppe jede/r ein Adjektiv zur Kennzeichnung der Art und Weise (z.B. *schnell, wütend*) überlegt.
Der/Die Lerner/in kommt in die Gruppe zurück und gibt Befehle an einzelne Kursteilnehmer, z.B. *Stehen Sie auf!, Schreiben Sie Ihren Namen an die Tafel!, Öffnen Sie die Tür! ...*
Die angesprochene Person muß den Befehl in der Art und Weise ausführen, die ihrem zuvor gewählten Adjektiv entspricht, also beispielsweise <u>schnell</u> aufstehen oder ihren Namen <u>wütend</u> an die Tafel schreiben. Wer die Anweisungen gibt, ist aufgefordert, anhand der Art und Weise, wie sie ausgeführt werden, zu erraten, welches Adjektiv gemeint ist.
Weitere Beispiele finden Sie in der BOX.

Adjektive

Anfänger: schnell, langsam, wütend, leise, laut, sorgfältig, verzweifelt, aggressiv, ungeduldig, freundlich

Fortgeschrittene: stolz, heimlich, energisch, still, cholerisch

49 Was verrät die Mimik?

LERNZIEL:

Fragen stellen

VORBEREITUNG:

Kopieren Sie die Anweisungen von S. 47 und schneiden Sie sie in Streifen. Oder schreiben Sie jeweils einen Satz handschriftlich auf ein Kärtchen bzw. einen kleinen Zettel.

VERLAUF:

Geben Sie einem/r Lerner/in einen Streifen und bitten Sie ihn/sie, seinen Inhalt mimisch darzustellen, während die anderen raten, um was es sich handelt. Dabei werden Ja/Nein-Fragen gestellt wie zum Beispiel:
Haben Sie etwas in der Hand?, Lesen Sie? ...
Es ist darauf zu achten, daß genügend Fragen gestellt werden und daß nicht zu viel Zeit mit dem wortlosen Mimen verstreicht.

1   Sie diktieren der Klasse einen Text.

2   Sie schauen einen Film im Fernsehen an.

3   Sie lesen ein sehr trauriges Buch.

4   Sie warten, um eine sehr belebte Straße zu überqueren.

5   Sie tragen eine Szene aus einem Theaterstück von Schiller vor.

6   Sie sind in einem Schalter und informieren die Leute.

7   Sie warten auf jemanden, der sich offensichtlich verspätet hat.

8   Sie sind im Warteraum des Zahnarztes.

9   Sie essen eine zu heiße Suppe.

10   Sie wechseln einem Baby die Windeln.

11   Sie jagen eine Fliege.

12   Sie bereiten eine Tasse Kaffee zu.

50 Wer liegt an der Spitze?

LERNZIEL:

Superlativ, Vergleich

VERLAUF:

Wählen Sie sechs Begriffe aus einem bestimmten Sachfeld aus (z.B. Tiere, Kleidungsstücke, Körperteile, Möbelstücke, Haushaltsgeräte, Lebensmittel, berühmte Persönlichkeiten etc.), oder bitten Sie die Lerner, solche zu nennen. Schreiben Sie sie an die Tafel.

Die Lerner sollen nun feststellen, welcher Begriff unter einem bestimmten Aspekt „an der Spitze liegt". Angenommen, es handelt sich um Tiere und die gewählten Begriffe:

Pferd	*Elefant*	*Viper*
Ziege	*Schwalbe*	*Hund*

könnte beispielsweise gesagt werden:
Der Elefant ist das größte Tier.
Von diesen Tieren gefällt mir das Pferd am besten.
Die Schwalbe ist das schnellste Tier.
Der Hund ist am gehorsamsten.

51 Vergleichen Sie Gegenstände und Personen

LERNZIEL:

Vergleiche anstellen; Antonyme

VERLAUF:

Geben Sie der Gruppe zwei verschiedene Begriffe, z.B. *der Elefant* und *die Feder* oder *der Politiker* und *die Blume* oder *das Tier* und *der Mensch.* (Verwenden Sie dabei Wörter, die dem Lernwortschatz der letzten Unterrichtseinheit entnommen sind.) Es ist nun Aufgabe der Lerner, Vergleiche anzustellen. Geben Sie einige Sätze an, die zeigen, in welcher Weise dies erfolgen kann, beispielsweise durch Verwendung des Komparativs:
Eine Feder ist leichter als ein Elefant.
Oder durch Gegenüberstellung von Eigenschaften:
Die Politiker reden viel, Blumen sind dagegen stumm.
Oder durch Aufzeigen von Ähnlichkeiten:
Tiere leiden genauso wie Menschen.

VARIANTE:

Sie können eine Reihe verschiedener Wortgruppen angeben (z.B. Bezeichnungen für Lebensmittel, Tiere, Haushaltsgegenstände oder Namen berühmter Persönlichkeiten). Jede/r Lerner/in kann auswählen, welche zwei er/sie vergleichen möchte.

ERWEITERUNG:

Wenn Sie etwas mehr Zeit zur Verfügung haben, lassen Sie diese Wortgruppen von den Lernern (per Zuruf) erstellen und schreiben die vorgeschlagenen Wörter – beliebig angeordnet – an die Tafel. Jede/r Lerner/in vergleicht nun zwei dieser Begriffe. Sie verbinden diese Wörter jeweils durch einen Pfeil miteinander. Wenn jede/r mindestens einen Satz gebildet hat, überprüfen Sie abschließend, ob sich die Gruppe noch an die Vergleiche erinnert, die mit den Wortpaaren gebildet wurden.

LERNZIEL:

Vergleiche, idiomatische Ausdrücke

VERLAUF:

Bitten Sie die Lerner, feststehende Ausdrücke ihrer Muttersprache zu sammeln, mit denen ein Vergleich gezogen wird, z.B. die spanische Redensart „engreído como un pavo", und notieren Sie die Ausdrücke untereinander an der linken Tafelseite. Schreiben Sie in einem zweiten Schritt nach und nach die entsprechenden deutschen Wendungen auf die rechte Seite der Tafel, wobei Sie das entsprechende deutsche Substantiv auslassen.

Es ist nun Aufgabe der Lerner, das fehlende Wort zu ergänzen und den deutschen Ausdruck dem ihrer Muttersprache zuzuordnen. Wird die richtige Lösung nicht auf Anhieb gefunden, fahren Sie fort, bis Sie die ganze Liste besprochen haben. Die fehlenden Wörter und Zuordnungen lassen sich leichter finden, wenn nur mehr wenige Kombinationsmöglichkeiten offen stehen.

Hinweise:
Um den Lernern ihre Aufgabe zu erleichtern, können Sie die zu ergänzenden Substantive in ungeordneter Reihenfolge vorgeben.
Wenn Sie nicht von den bildlichen Ausdrücken ausgehen wollen, die Ihnen die Lerner vorschlagen oder wenn Sie Lerner mit verschiedenen Muttersprachen haben, verwenden Sie die Kopiervorlage auf S. 50 und lassen den skizzierten Gegenstand und die Redensart einander zuordnen.

Bildliche Redensarten

Eitel wie ein Pfau.
Leicht wie eine Feder.
Weiß wie Schnee.
Kalt wie Eis.
Schnell wie der Blitz.
Langsam wie eine Schnecke.
Alt wie Methusalem.
Dumm wie Bohnenstroh.
Frei wie ein Vogel.
Unschuldig wie ein Lamm.
Schlau wie ein Fuchs.

Störrisch wie ein Esel.
Treu wie ein Hund.
Hart wie Stein.
Rauchen wie ein Schlot.
Lügen wie gedruckt.
Heulen wie ein Schloßhund.
Schwer wie Blei.
Falsch wie eine Schlange.
Faul wie die Sünde.
Sich freuen wie ein Schneekönig.

Bildliche Redensarten

Eitel wie ein _Pfau_

Leicht wie eine _____

Kalt wie _____

Schnell wie der _____

Langsam wie eine _____

Alt wie _____

Frei wie ein _____

Unschuldig wie ein _____

Schlau wie ein _____

Störrisch wie ein _____

Treu wie ein _____

Hart wie _____

Rauchen wie ein _____

Falsch wie eine _____

53 Detektivspiel

LERNZIEL:

Fragen stellen, Perfekt

VERLAUF:

Ein/e Lerner/in spielt den Detektiv und verläßt den Raum. Ein Teilnehmer oder eine Teilnehmerin spielt den Dieb oder die Diebin. Sie geben ihm/ihr ein Geldstück, das er/sie an sich nimmt. Der Detektiv kommt zurück und fragt alle der Reihe nach, ob sie die Münze weggenommen haben:
Haben Sie/Hast du das Geldstück gestohlen?
Alle – ob schuldig oder unschuldig – leugnen, das Geldstück gestohlen zu haben. Jemand sagt:
Nein, ich habe das Geldstück nicht genommen. Ulrike hat es gestohlen.

Der Detektiv wendet sich also an Ulrike. Diese beteuert:
Nein, ich habe das Geldstück nicht genommen. Frau Maier hat es gestohlen.
Nun wendet sich der Detektiv also an Frau Maier usw. Da er kein Geständnis erzielen kann, versucht er, aufgrund des Verhaltens der Teilnehmer die schuldige Person zu ermitteln. Um leichter ans Ziel zu kommen, darf er drei Fragen stellen, die ihn der Lösung seines Problems näher bringen.

VARIANTE:

Es kann auch davon ausgegangen werden, daß der „Verbrecher" andere Straftaten begangen hat, z.B.: *Er hat die Fensterscheibe zerbrochen. / Er hat ein Buch gestohlen. / Er hat Tinas Brötchen gegessen.*

54 Was kann man damit tun?

LERNZIEL:

Objektpronomen

VERLAUF:

Bitten Sie ein oder zwei Lerner, nach vorn zu kommen und sich mit dem Rücken zur Tafel hinzustellen; sie sind die Ratenden.
Schreiben Sie dann die Bezeichnung für einen Gebrauchsgegenstand an die Tafel, z.B. *der Kugelschreiber, die Tasse, der Regenschirm, die Streichholzschachtel* ... Die übrigen Kursteilnehmer helfen den Ratenden, herauszufinden, um

welchen Gegenstand es sich handelt, indem sie angeben, was man damit alles machen kann oder könnte.
Ermuntern Sie die Lerner, nach phantasievollen Verwendungsmöglichkeiten zu suchen und nicht unbedingt die offensichtlichsten zu nennen – zumindest nicht sofort –, mit denen sie die Antwort verraten würden. Zum Beispiel könnten sie, wenn der Gegenstand ein Kugelschreiber wäre, folgendes sagen:
Man kann ihn aufheben.
Man kann ihn jemandem nachwerfen.
Man kann damit auf jemanden zeigen.
Man kann sich mit ihm auch am Kopf kratzen.

55 Anweisungen befolgen

LERNZIEL:

Hörverstehen; Imperativ

VERLAUF:

Erteilen Sie den Lernern eine Reihe von Anweisungen, die diese ausführen, z.B.:

Stehen Sie auf!
Machen Sie das Buch auf!
Legen Sie die rechte Hand auf den linken Fuß!
Setzen Sie sich hin!
Fangen Sie an zu singen!
Ruhe!
Schauen Sie den rechten Mitschüler an!
Sehen Sie nach links!
Etc.

Sagen Sie den Lernern, daß nun nur noch diejenigen Handlungsanweisungen auszuführen sind, die mit dem Satz *Ulrike sagt* ... eingeleitet werden. Wer fälschlich einen anderen Befehl befolgt, verliert „sein Leben" und scheidet aus dem Spiel aus. Wie viele Lerner sind nach drei bis vier Minuten noch „am Leben"?

VARIANTE:

Geben Sie Anweisungen und führen Sie dabei jeweils eine Handlung aus, die manchmal dieser Anweisung entspricht und manchmal nicht. (Sie sagen z.B. *Stehen Sie auf!* und setzen sich dabei hin.) Es ist nun Aufgabe der Lerner, Ihre mündlichen Handlungsanweisungen zu befolgen und sich nicht nach dem zu richten, was Sie tatsächlich tun.

56 Körperhaltungen

LERNZIEL:

Imperativ; Wortschatz: Körperteile

VORBEREITUNG:

Fertigen Sie eine Reihe von Kopien der Strichmännchen auf S. 53 an, kleben Sie sie möglichst auf einen dünnen Karton oder ein festes Papier, und schneiden Sie die Kärtchen aus.
Stellen Sie sicher, daß im Unterrichtsraum genügend Platz vorhanden ist, damit eine kleine „Bühne" für eine „Einmannshow" eingerichtet werden kann.

VERLAUF:

Überprüfen Sie nochmals kurz, ob die Lerner die deutschen Bezeichnungen für die Körperteile kennen.
Bitten Sie eine/n Kursteilnehmer/in, sich als „Model" zur Verfügung zu stellen und nach vorne oder – wenn die Stühle kreisförmig angeordnet

sind – in die Mitte zu kommen. Verteilen Sie mehrere Exemplare eines bestimmten Kärtchens an die übrigen Lerner und bitten Sie sie, dem „Model" entsprechende Anweisungen zu geben, damit es die Körperhaltung des Strichmännchens einnimmt.

ERWEITERUNG:

Wenn Interesse daran besteht, wenn im Raum ausreichend Platz vorhanden ist und wenn genügend Zeit zur Verfügung steht, kann diese Übung mit anderen Kärtchen in Kleingruppen fortgeführt werden.

VARIANTE:

Anstelle der Strichmännchen können Sie auch Bilder von richtigen „Models" aus Modezeitschriften ausschneiden. Die Körperhaltungen sind allerdings meist etwas schwieriger zu beschreiben, aber dafür macht das Ganze mehr Spaß!

1

2

3

4

5

6

7

8

9

57 Unter welchen Umständen würden Sie ...?

LERNZIEL:

Bedingungssatz, würde + Infinitiv, Konjunktiv

VERLAUF:

Nennen Sie eine ungewöhnliche Handlung und bitten Sie die Lerner, sich vorzustellen, unter welchen Umständen sie diese realisieren würden. Wenn Sie wollen, können Sie die Lerner auffordern, in vollständigen Bedingungssätzen zu antworten. Das könnte dann so aussehen:

In welchem Fall würden Sie auf dem Kopf stehen, mit den Füßen in die Luft?

Mögliche Antworten:

Wenn ich im Zirkus arbeiten würde, würde ich auf dem Kopf stehen, mit den Füßen in die Luft.
Wenn ich etwas umgekehrt sehen wollte ...

Weitere Beispiele finden Sie in der BOX.

Unter welchen Umständen würden Sie ...?

1. ... ins Ausland gehen, um dort zu leben?
2. ... einen ganzen Tag nicht sprechen?
3. ... ein Blatt Papier essen?
4. ... die Haare grün färben?
5. ... auf einem Baum leben?
6. ... auf einem Elefanten reiten?
7. ... einen ganzen Tag schlafen?
8. ... zum Fenster hinausspringen?
9. ... den Bundespräsidenten besuchen?
10. ... sich weigern, in den Unterricht zu kommen?

58 Wenn ich nicht hier wäre ...

LERNZIEL:

Bedingungssatz, würde + Infinitiv, Konjunktiv

VERLAUF:

Bieten Sie den Lernern folgende Fragestellung an:
Wenn ich nicht hier wäre, wo wäre ich?
Die Lerner notieren ihre Antworten, um sie dann in Kleingruppen zu besprechen.

Variieren Sie daraufhin die Frage wie folgt:
Wenn ich nicht hier wäre, wo wäre ich gerne?

Sie können aber auch andere Varianten anbieten, wie z.B.:
Wenn ich nicht ich wäre, wer möchte ich gerne sein? Oder:
Wenn ich nicht in dieser Zeit leben würde, in welcher möchte ich gerne leben?

59 Was haben sie gesagt?

LERNZIEL:

Indirekte Rede/Frage, Konjunktiv

Hinweis:
Diese Übung wird am sinnvollsten zum Abschluß einer Unterrichtsstunde oder am Ende eines Lernabschnitts eingesetzt.

VERLAUF:

Fordern Sie die Lerner auf, sich an 10 bis 20 Sätze zu erinnern, die Sie oder die Lerner in dieser Unterrichtseinheit gesagt haben. Dabei ist die indirekte Rede zu verwenden. Wenn genügend Zeit vorhanden ist, schreiben Sie die Sätze an die Tafel. Hier einige Beispiele:
Tom hat gefragt, ob er das Fenster öffnen könne.
Dieter hat erzählt, daß seine Schwester in Venedig im Urlaub sei.
Thorsten hat gefragt, ob wir mehr Übungen machen könnten.
Beate hat gesagt, sie habe die Aufgaben nicht gemacht.

In der indirekten Rede kann auch der Indikativ stehen. Um Mißverständnisse zu vermeiden, ist dies allerdings nur bei einer Einleitung mit „daß" oder einem Fragewort korrekt:
Tom hat gefragt, ob er das Fenster öffnen kann.
Dieter hat erzählt, daß seine Schwester in Venedig im Urlaub ist.
Thorsten hat gefragt, ob wir mehr Übungen machen können.

VARIANTE 1:

Im Anschluß an eine Leseverstehensübung kann diese Aktivität zur Wiederholung des Textinhalts dienen.

VARIANTE 2:

Nach einer Diskussion versuchen Sie, in Erinnerung zu rufen, was die Lerner gesagt haben. Wenn Sie etwas vergessen, ergänzen es die Lerner.

V. Bilder sprechen lassen

60 Abstraktes Bild ──────────

LERNZIEL:

Vermutungen äußern; Wortschatzarbeit

VERLAUF:

Zeichnen Sie ein großes Viereck an die Tafel, in das Sie möglichst viele Schnörkel, Kritzeleien und geometrische Formen hineinzeichnen (auch farbig, wenn Sie bunte Kreide oder Stifte zur Verfügung haben), oder verwenden Sie eine der Abbildungen von S. 57. Fragen Sie die Gruppe, was das Bild ihrer Meinung nach darstellt. Machen Sie deutlich, daß es keine richtigen oder falschen Antworten gibt, und ermutigen Sie die Lerner, ihre Phantasie spielen zu lassen.

61 Unsichtbarer Elefant ──────────

LERNZIEL:

Wortschatzwiederholung; Vermutungen äußern

VERLAUF:

Kündigen Sie an, daß Sie einen Gegenstand zeichnen werden, und zeichnen Sie die Umrisse eines Elefanten mit dem Finger in die Luft. Die Kursteilnehmer sind aufgefordert zu erraten, was Sie gezeichnet haben. Ermuntern Sie sie zu unterschiedlichen Interpretationen.

Hinweis:
Achten Sie darauf, die Umrisse möglichst als durchgehende Linie zu zeichnen, und nicht von einer Seite zur anderen zu springen oder Details anzugeben.

62 Mehrdeutige Bilder

LERNZIEL:

Vermutungen äußern; Wortschatzarbeit

VERLAUF:

Zeichnen Sie einen kleinen Teil eines einfachen Gegenstands an die Tafel oder decken Sie eine Sequenz der Folie (siehe Kopiervorlage S. 59) bis auf den ersten Teil ab. Fragen Sie die Gruppe, was für ein Gegenstand dort wohl entstehen wird, und ermuntern Sie die Lerner, verschiedene Vermutungen zu äußern. Dabei wiederholen Sie Redemittel wie *Ich glaube/nehme an, daß ...; Es scheint ...; Es könnte ... sein* etc. Sie sollten die Ideen weder bestätigen noch zurückweisen.
Ergänzen Sie die Zeichnung geringfügig bzw. decken Sie einen weiteren Abschnitt von der Sequenz auf der Folie auf, und sammeln Sie erneut Vermutungen. Entwickeln Sie Ihre Zeichnung in etwa vier Schritten.

63 Was könnte das sein?

LERNZIEL:

Identifizieren von imaginären Gegenständen; Wortschatz

VERLAUF:

Halten Sie einen Kugelschreiber hoch und beginnen Sie folgendes Gespräch:

Sie:	*Was ist das?*
Lerner/in:	*Ein Kugelschreiber.*
Sie:	*Nein, es ist kein Kugelschreiber.* (Bewegen Sie den Kugelschreiber so durch die Luft, als ob er ein Flugzeug wäre.) *Was ist es?*
Lerner/in:	*Es ist ein Flugzeug.*

Überreichen Sie den Kugelschreiber einem/r Kursteilnehmer/in und bitten Sie ihn/sie, auch so zu tun, als ob es sich um einen anderen Gegenstand handelte. Fahren Sie in der Gruppe fort, solange die Phantasie reicht.
Zur Inspiration können Sie die Vorschläge aus der BOX verwenden.

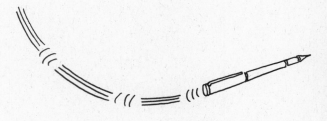

Was könnte das sein?

Kugelschreiber:	Flugzeug, Fernrohr, Nagel, Boot, Flöte, Schraubenzieher etc.
Buch:	Dach, Vogel, Fernrohr, Tisch, Tischtennisplatte, Spiegel etc.
Stuhl:	Pferd, Auto, Mensch, Tier, Egge, Waschbecken etc.
Büroklammer:	Fußballspieler, Vogel, Schere etc.
Tasse:	Hut, Mikrophon, Vogelnest, Gesicht mit Nase, Hammer etc.
Tasche:	tiefer Teller, Hut, Buch, Ballon, Maul eines Ungeheuers etc.

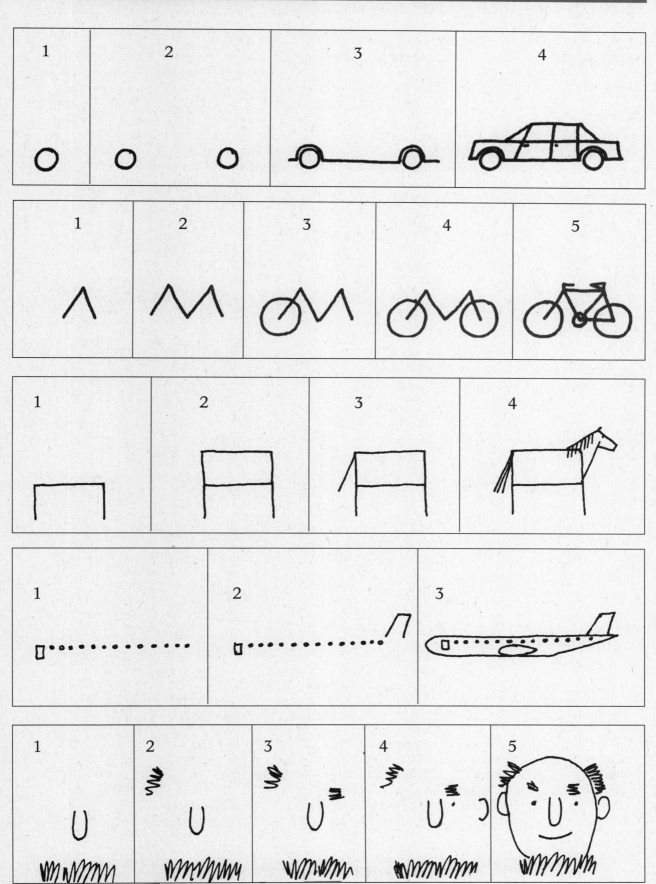

LERNZIEL:

Wortschatz

VERLAUF:

Zeichnen Sie einen bekannten Gegenstand aus einer ungewöhnlichen Perspektive, z.B. ein Rechteck, das einen von oben gesehenen Tisch darstellt. Wenn Sie einen Overheadprojektor zur Verfügung haben, können Sie die Zeichnungen auf S. 61 benutzen*, wobei Sie jeweils nur eine Grafik sichtbar machen und die anderen mit einem Blatt Papier abdecken.

Fragen Sie die Lerner, was die jeweilige Grafik darstellt, und lassen Sie verschiedene Interpretationen gelten. Dabei können Sie in Ihren Antworten den Konjunktiv verwenden, z.B.:

Sie:	*Was ist das?*
Lerner/in A:	*Es könnte ein Fenster sein.*
Sie:	*Könnte sein, ist es aber nicht.*
Lerner/in B:	*Es könnte ein Schrank sein.*
Sie:	*Könnte sein, ist es aber nicht.*
Etc.	

Hinweis:
Damit Sie sicherstellen, daß alle Lerner aktiv an der Übung teilnehmen, lassen Sie sie zunächst ihre Meinung dem Nachbarn/der Nachbarin mitteilen und erst dann im Plenum erörtern.

*Die Grafiken auf S. 61 stellen folgende Gegenstände und Personen dar:
1. einen Tisch, von oben gesehen
2. eine Tasse, von unten gesehen
3. ein Auto, von unten gesehen
4. einen Schuh, von hinten gesehen
5. Schallplatten, von der Seite gesehen
6. ein Messer, vom Ende aus gesehen
7. einen kahlen Mann, von oben gesehen
8. ein Lineal, vom Ende aus gesehen
9. eine Tür, von der Seite gesehen
10. ein Buch, von einer Ecke aus gesehen
11. einen Bleistift, vom Ende aus gesehen
12. eine Glückwunschkarte, von oben gesehen.

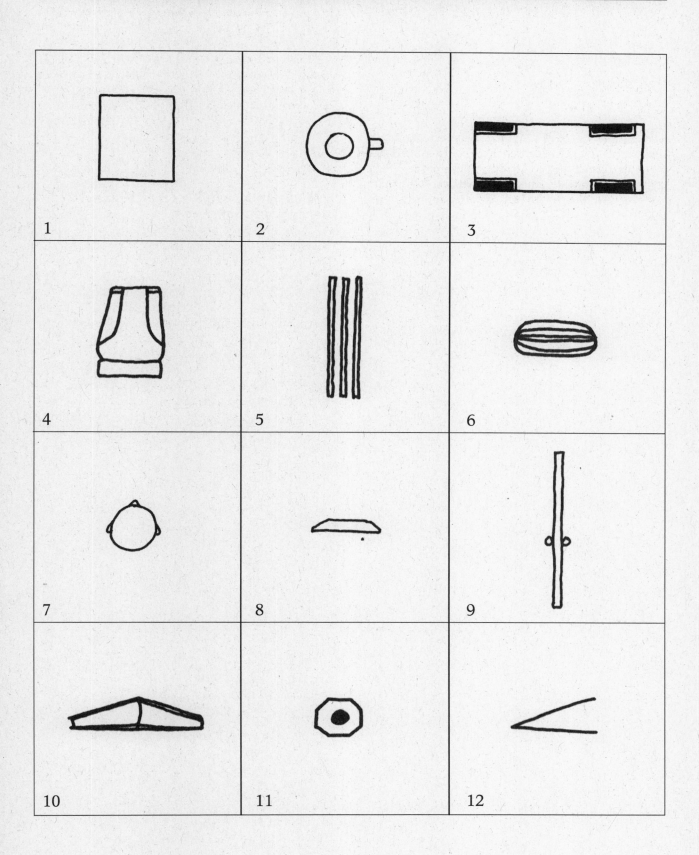

65 Was kann man zu dem Bild sagen? ──────────

LERNZIEL:

Einfache Sätze bilden; Präpositionen

VORBEREITUNG:

Besorgen Sie sich ein Bild. Sie können entweder eine der Kopiervorlagen für den Overheadprojektor verwenden (vgl. S. 63) oder ein Poster, ein Bild aus dem Lehrbuch oder aus einer Zeitschrift.

VERLAUF:

Die Lerner betrachten das Bild und sagen, was ihnen dazu einfällt. Legen Sie vorher fest, ob die Äußerungen in Form von vollständigen Sätzen formuliert werden sollen oder ob auch kurze Statements zulässig sind. Halten Sie für jede korrekte Äußerung einen Strich an der Tafel fest. Wie viele Sätze findet die Gruppe in zwei Minuten? Oder kann sie zumindest 20 oder 30 Sätze finden?

VARIANTE 1:

Nach der ersten Phase können die Lerner die gleiche Aktivität als Gruppenwettbewerb fortsetzen: Welche Gruppe findet die meisten Sätze? Oder die Gruppen versuchen, ihren eigenen Rekord zu brechen: Finden sie zu einem zweiten Bild mehr Sätze als zu dem ersten?

VARIANTE 2:

Die Lerner suchen so viele Aussagen wie möglich, die <u>nicht</u> auf das Bild zutreffen. Anschließend können sie, wenn sie wollen, einander korrigieren und die zutreffenden Sätze bilden.

VARIANTE 3:

Bitten Sie die Lerner, sich Fragen zu überlegen, die sich nicht aufgrund des Bildes beantworten lassen. Schreiben Sie die originellsten Fragen an die Tafel, und ermuntern Sie die Lerner zu möglichst phantasievollen Antworten.

VARIANTE 4:

Lassen Sie die Lerner reihum je einen Satz zur Beschreibung des Bildes sagen. Jede/r wiederholt alle vorausgegangenen Sätze und fügt einen neuen hinzu, bis die Kette zu lang und unübersichtlich geworden ist.

LERNZIEL:

Beschreiben, Wortschatzwiederholung

VERLAUF:

Zeigen Sie den Lernern nur für einen ganz kurzen Moment: ein Bild (siehe Kopiervorlage S.65), einen Text (siehe Kopiervorlage S. 67), einen Buchumschlag, eine Zeitungsschlagzeile oder einen Gegenstand.
Bitten Sie die Lerner, zu identifizieren und/oder zu beschreiben, was sie gesehen haben. Ermuntern Sie sie, unterschiedliche Vermutungen zu äußern, die Sie weder bestätigen noch zurückweisen. Zeigen Sie das Objekt noch mehrmals kurz, um zur Identifikation und Diskussion anzuregen. Zeigen Sie zum Abschluß das Bild, den Gegenstand oder Text ausreichend lange, damit die Lerner überprüfen können, inwieweit ihre Blitz-Wahrnehmungen der Realität entsprechen.

Hinweis:
Wenn Sie ein Bild aus einer Zeitschrift verwenden wollen, müssen Sie es zuvor auf Karton kleben.
Wenn Sie eine Folie auf dem Overheadprojektor benutzen, schalten Sie das Gerät nicht jedesmal ab, sondern halten Sie schnell ein Buch oder Blatt Papier unter die Linse, um so die Glühbirne zu schonen.

Wählen Sie Bilder oder Texte, die deutlich zu erkennen bzw. groß genug sind.

VARIANTE:

Die Lerner notieren, was sie gesehen haben, und vergleichen ihre Aufstellung mit der ihres Nachbarn/ihrer Nachbarin.

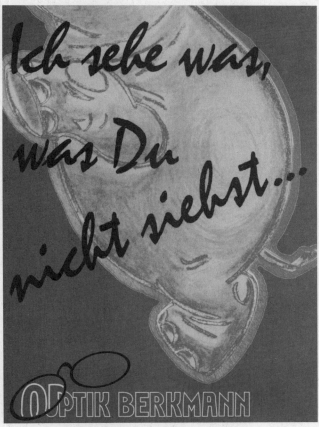

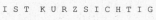

Ihre Spende hilft gegen
Regenwaldzerstörung

67 **Langsame Enthüllung**

LERNZIEL:

Vermutungen äußern, beschreiben, freies Sprechen (bildgesteuert)

VERLAUF:

Bringen Sie ein Bild mit oder kopieren Sie die Abbildung auf S. 65. Stecken Sie das Bildmaterial in einen passenden Briefumschlag oder in eine Mappe, oder bedecken Sie es mit einem nicht durchscheinenden Blatt Papier. Decken Sie das Bild nach und nach auf, und lassen Sie die Lerner jedesmal raten, was das Bild wohl darstellen könnte. Fordern Sie zur Diskussion auf, und lassen Sie unterschiedliche Meinungen gelten.

VARIANTE:

Wenn Sie einen Overheadprojektor zur Verfügung haben, können Sie anstelle eines Bildes auch einen Text verwenden, den Sie abschnittweise aufdecken. Auf S. 67 finden Sie ein Beispiel.

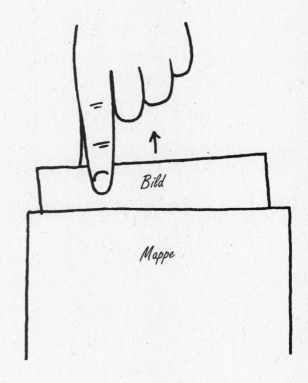

EINE GROSSE LIEBE

Ich sehe ihren schönen Körper, ihre blonde Farbe, die mich einlädt ... Sie hat einen langen und eleganten Hals. Ich kann ohne sie nicht leben.

Sie begleitet mich im Auto und sieht mich an, wenn ich an meinem Schreibtisch sitze; sie ist immer vor mir im Restaurant.
Wenn ich laufe, ist sie immer neben mir; heimlich streichle ich sie und drücke sie an mich. Ich kann ihre Wärme und Leidenschaft fühlen.

Ihre Küsse sind wie Feuer. Wenn ich meinen Mund gegen ihren presse, beschleunigt sich mein Atem; ich schließe meine Augen und träume; ich träume und stelle mir eine Welt voller Freude vor. Meine Seele ist voller Glückseligkeit. Ihre Küsse sind zu einer Gewohnheit geworden, die nie fehlen darf.

Wenn ich abends in mein Zimmer gehe, folgt sie mir. Ich schließe die Augen und suche sie sofort, um sicher zu sein, daß sie dort ist und mich nicht verlassen hat. Ich strecke meinen Arm aus, um sie zu suchen, zu fühlen.

Während ich schlafe, träume ich von ihr und bin froh.
Am nächsten Morgen sind mein erster Gruß und mein erster Kuß für sie. Sie ist meine Kraft, meine Lust am Leben. In ihrer Nähe habe ich keine Angst. Mein Tag fängt ruhig und sicher an.

Ich nehme sie in die Hand, wenn ich rausgehe, aber ... was für ein Unglück! Ich stoppe ... es ist schrecklich ... Auf einmal zeigt sie sich anders und müde. Nein, es macht nichts. Ich habe verstanden: Ich habe sie zu sehr geliebt; ich habe sie zu lange neben mir gehabt, neben meinen Lippen.

Jetzt ist sie leer ... Ich halte an. Kaufe eine andere.
Der Besitzer des Ladens gegenüber weiß Bescheid:
– Hier, wie immer, Ihre Flasche Weißwein.

(Nach: Baldelli et al.: *Leggere l'italiano*,
Un grande amore. Le Monnier, Florenz 1991.)

68 Was haben sie gemeinsam?

LERNZIEL:

Freies Sprechen durch bild- oder textgesteuerte Assoziationen

VERLAUF:

Zeigen Sie der Gruppe gleichzeitig zwei Bilder (vgl. die Kopiervorlagen auf S. 69 und 70.) und fragen Sie, was die beiden Darstellungen miteinander verbindet. Die Antworten dürfen sowohl ernsthaft als auch absurd sein. Sie können persönlich gefärbt sein oder objektive Feststellungen enthalten.

Beispielsweise kann auf einem Bild ein Auto und auf dem anderen eine Schachtel Zigaretten abgebildet sein. (Vgl. die Kopiervorlage auf Seite 69.) Dann könnten die Kommentare so lauten:

Lerner/in A:	*Beide sind gefährlich, nicht nur für den Besitzer, sondern auch für dritte.*
Lerner/in B:	*Beide bringen dem Staat viel Geld.*
Lerner/in C:	*Der Besitzer des Wagens möchte das Rauchen aufgeben, um sich das Auto leisten zu können.*
Lerner/in D:	*Ich mag es nicht, wenn Leute in meinem Auto rauchen.*

VARIANTEN:

Sie können die assoziativen Vergleiche nicht nur zwischen zwei Bildern, sondern auch zwischen einem Bild und einem Text oder zwischen zwei Texten durchführen lassen. Dabei können die Texte lang oder kurz sein und schriftlich oder mündlich dargeboten werden.

69 Was muß ich, was darf ich, was darf ich nicht?

LERNZIEL:

Wortschatz; freie Satzkonstruktion

VERLAUF:

Kopieren Sie die Piktogramme auf S. 71 und verteilen Sie die Blätter an die Lerner. Diese versuchen – möglichst in Paaren oder in Kleingruppen – die zwölf Piktogramme zu identifizieren. Sobald eine Gruppe glaubt, alles entschlüsselt zu haben, ruft sie BINGO und trägt ihre Ergebnisse vor.

ERWEITERUNG:

Auf S. 72 finden sich Piktogramme, die ziemlich unbekannt sind und daher die Phantasie anregen. Wer findet die originellste, die einleuchtendste oder die richtige Deutung?

Erklärung der Symbole von S. 71 und 72

1. Kein Zutritt!
2. Kein Trinkwasser!
3. Rauchen verboten!
4. Campingplatz
5. Treffpunkt/Meeting point
6. Parkplatz
7. Fernsprecher
8. (Roll-)Treppe
9. Hunde nicht erlaubt!
10. Gift
11. Vorgegebene Richtung
12. Rauchen gestattet

1. Presse/Raum für Interviews
2. Tiefgekühlt aufbewahren
3. Unverschlossene Tür/Deckel
4. Trocken + heiß
5. Blutspende
6. Telegrammannahme
7. Anmeldung/Aufnahme
8. Schleuse
9. Verlorene Kinder
10. Wendeplatz (für Boote)
11. Sicherheitsausrüstung
12. Schütteln, (Um-)Rühren
13. Aussichtspunkt
14. Urlaubs-/Freizeitaktivitäten
15. Kinderkrankenhaus
16. Wassersportgebiet
17. Langsam fahren!
18. Amphitheater
19. Wäschetrockner
20. Wanderweg/Naturlehrpfad

LERNZIEL:

Ausdrucksformen der Zukunft, Vermutungen äußern (Futur, Präsens mit futurischer Bedeutung)

VORBEREITUNG:

Schneiden Sie aus einer Zeitschrift ein spannungsreiches Foto aus oder fertigen Sie (möglichst vergrößerte) Kopien von einem der Fotos auf S. 74 an.

Lassen Sie das Foto von Hand zu Hand gehen bzw. verteilen Sie die Kopien, und stellen Sie die Frage:

Was passiert danach? Oder:

Wie sieht die Situation zwei Minuten später aus? Oder:

Stellen Sie sich/Stellt euch die Fortsetzung der Geschichte vor.

Wenn die Lerner ihre Vorschläge machen, bitten Sie sie, ihre Vermutungen auch zu begründen. Dabei kann es zu unterschiedlichen Wahrnehmungen und Einschätzungen kommen, was meist eine lebhafte Diskussion bewirkt. Beenden Sie die Übung rechtzeitig; fünf bis zehn Minuten sind wahrscheinlich ausreichend.

VARIANTE:

Bei dieser Übung geht es normalerweise um freies Assoziieren und nicht um eine einzige „richtige" Antwort. Dies gilt auch für eine „freie" Bildgeschichte, wie Sie sie z.B. auf der Kopiervorlage von S. 75 finden. Sie können aber auch eine Bildgeschichte mit eindeutig festgelegter Abfolge (vgl. Kopiervorlage S. 76) wählen. Da Ihnen in dem Fall das Folgebild vorliegt, können Sie die Lerner durch kleine Hinweise an die „richtige" Lösung heranführen. Zum Beispiel können Sie sagen:

Ja, er tut etwas. Achte/n Sie auf das, was in der linken unteren Ecke ist.

Zum Abschluß zeigen Sie dann das nachfolgende Bild aus der Bildgeschichte, das entweder eine Bestätigung der gefundenen Lösung darstellen oder einen Aha-Effekt auslösen wird.

Aus: *Rápido*, Klett 1993

Aus: *Corso Italia 1*, Arbeitsbuch, Klett 1994

71 Bildgeschichten

LERNZIEL:

Bildgesteuertes Erzählen (im Präsens oder in einer Vergangenheitszeit)

VORBEREITUNG:

Kopieren Sie die Bildgeschichte auf S. 75 mehrfach, und zerschneiden Sie die Blätter in die einzelnen Bildteile. Oder verwenden Sie eine Bildgeschichte aus Ihrem Lehrbuch.

VERLAUF:

Bilden Sie Kleingruppen, geben Sie jeder Gruppe einen Satz Bilder. Bitten Sie sie, sich zu jedem Bild ein bis zwei Sätze auszudenken und die Bilder so aneinanderzufügen, daß eine kleine Geschichte entsteht. Nach etwa zehn Minuten bitten Sie die Gruppen, ihre Geschichte vorzutragen. Dabei wird immer das Bild hochgehalten, auf das sich der jeweilige Text bezieht. Sinnvoller ist es noch, die Bilder nach und nach an die Wand zu pinnen oder an die Filztafel zu heften, so daß die Abfolge einer jeden Gruppe sichtbar wird.

72 Gesichter erzählen

LERNZIEL:

Freies Sprechen (Präsens und Vergangenheitszeit); Adjektive

VERLAUF:

Verteilen Sie Kopien der Fotos auf S. 78 und/oder 79 und lassen Sie die Lerner sagen, wie die abgebildeten Personen sind bzw. wie sie sich fühlen (*1: skeptisch, nachdenklich; 2: zornig; 3: zufrieden, glücklich, heiter; 4: aufmerksam; 5: erstaunt; 6: nachdenklich; 7: wütend; 8: traurig, deprimiert; 9: überrascht; 10: fröhlich; 11: müde, entmutigt; 12: fasziniert*).
Greifen Sie dann eines der Bilder heraus und fragen Sie die Lerner, warum sich diese Person so fühlt, wie es ihr Gesicht zeigt.

Die Antwort zu Nr. 11 könnte beispielsweise lauten:
Sie ist sehr müde, weil sie gestern lange tanzen war und erst spät ins Bett gegangen ist.
Oder zu Nr. 8:
Sie ist traurig, weil sie eine schlechte Nachricht bekommen hat.

ERWEITERUNG:

Wenn genügend Zeit vorhanden ist, bilden Sie Kleingruppen, in denen je eines der Gesichter in bezug auf seinen „Hintergrund" interpretiert wird. Vielleicht entstehen auch kleine Geschichten zu den einzelnen Bildern. Abschließend tragen die Gruppen die Ergebnisse ihrer Arbeit der Gruppe vor.

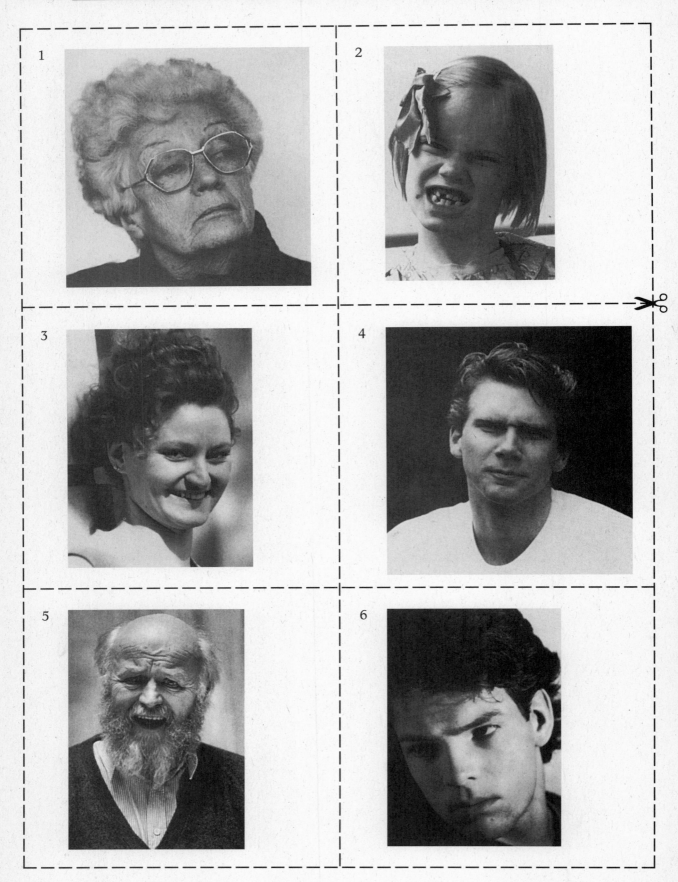

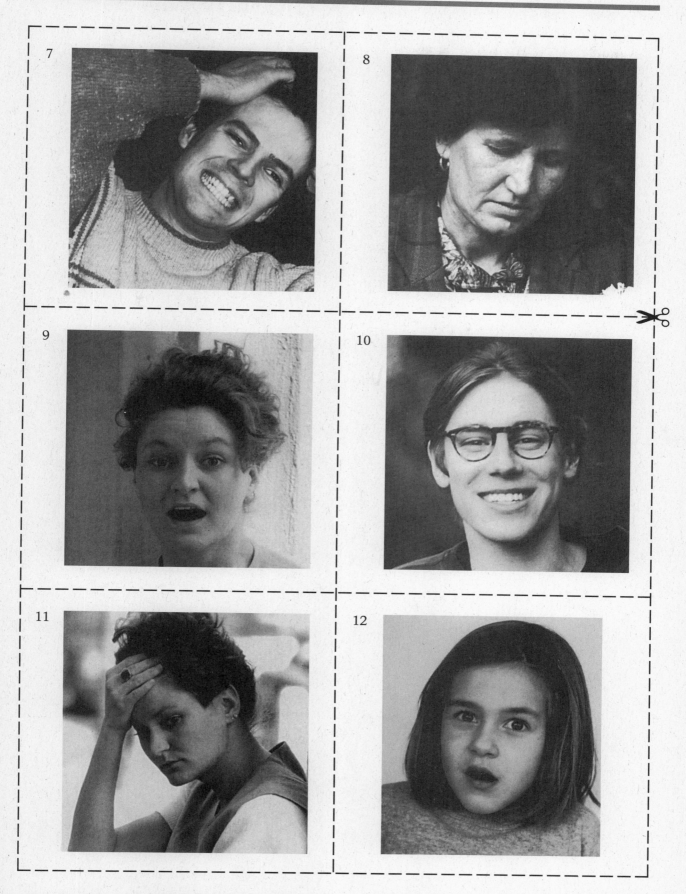

LERNZIEL:

Freies Sprechen (bildgesteuert)

VORBEREITUNG:

Schneiden Sie drei Bilder aus einer Zeitschrift aus, die so groß sind, daß sie die ganze Gruppe sehen kann. Das erste Bild sollte ein bis zwei Personen in einer bestimmten Situation zeigen. Das zweite und dritte Bild sollte jeweils einen Gegenstand innerhalb eines Situationsrahmens darstellen.

Wenn Sie keine Zeitschrift zur Verfügung haben, können Sie die Abbildungen auf S. 81 verwenden (eventuell vergrößerte Kopie).

VERLAUF:

Zeigen Sie das erste Bild. Laden Sie die Lerner ein, sich dazu in beliebiger Weise zu äußern. Als Lehrer/in ist es Ihre Aufgabe, Beobachtung und Phantasie anzuregen und die geäußerten Kommentare zu sammeln, um sie dann zu einer Geschichte zusammenzufügen. Wenn die Lerner weitere Ideen einbringen, fügen Sie sie in die Geschichte ein, indem Sie sie immer wieder von Anfang an erzählen.

Nach etwa zwei Minuten können Sie das zweite Bild zeigen und später das dritte. Bitten Sie dann die Lerner, einen Schluß zu finden.

Versuchen Sie, vor Ablauf der vorgesehenen Zeit – insgesamt fünf bis sieben Minuten – die vollständige Geschichte zu erzählen. Hier ein Beispiel, wie sie beginnen könnte:

(Sie zeigen das erste Bild.)

Sie:	*Was könnt ihr mir über dieses Bild erzählen?*
Lerner/in 1:	*Zwei Leute sind in einem Park.*
Sie:	*Was sonst?*
Lerner/in 2:	*Es sind ein Mann und eine Frau. Sie sind befreundet.*
Sie:	*Wie heißen sie?*
Lerner/in 3:	*Ulrich und Daniela.*
Sie:	*Wie spät ist es?*
Lerner/in 4:	*Es ist nachmittags; fast abends, weil es dunkel ist.*
Sie:	*Worüber unterhalten sie sich?*
Lerner/in 5:	*Über die Ferien im Süden, weil es sehr kalt ist.*

(Sie nehmen die Position eines Geschichtenerzählers ein.)

Sie: *Es war ein Winternachmittag. Alles war dunkel, Ulrich und Daniela waren im Park und sprachen über die Ferien im Süden, weil es sehr kalt war.*

(Sie zeigen das zweite Bild.)

Sie:	*Was passiert jetzt auf diesem Foto?*
Lerner/in 6:	*Da ist ein Wagen, der sehr schnell fährt.*

(Sie sind wieder der Geschichtenerzähler.)

Sie: *Es war ein Winternachmittag. Alles war dunkel, Ulrich und Daniela waren im Park und sprachen über die Ferien im Süden, weil es sehr kalt war.*
Da sahen sie plötzlich einen Wagen, der sehr schnell auf sie zukam.

Etc.

①

②

③

LERNZIEL:

Hörverstehen, Beschreiben

VERLAUF:

Bitten Sie die Lerner, die Augen zu schließen und sich so entspannt wie möglich hinzusetzen. Sagen Sie ihnen, daß Sie nun ein Bild beschreiben werden, das die Lerner sich vor ihrem inneren Auge vergegenwärtigen sollen. Beschreiben Sie dann langsam beispielsweise folgendes Bild:

Es ist eine Landschaft im Sommer. Da sind weite Felder und im Hintergrund ein kleiner Hügel. Auf dem Hügel stehen drei Bäume. Der Himmel ist voller Wolken. Beobachten Sie dieses Bild einige Augenblicke lang.

Laden Sie die Lerner anschließend ein, die Augen zu öffnen und ihrem Nachbarn/ihrer Nachbarin die Landschaft, die sie gesehen haben, zu beschreiben. Es wird sich sogleich herausstellen, daß jede/r das Bild sehr unterschiedlich wahrgenommen hat. Leiten Sie ein Gespräch ein, indem Sie Fragen stellen, z.B.:
Was haben Sie auf den Feldern gesehen? Weizen? Gras? Gab es Tiere? Was für Bäume waren es? Waren es dunkle Wolken? Wie hat Ihnen das Bild gefallen?

Hinweis:
Einige Lerner sind solchen Übungen gegenüber skeptisch, da sie den Eindruck haben, man wolle sie aushorchen und etwas über ihren Gemütszustand erfahren. Daher sollten die Lerner sich nur freiwillig äußern und niemand gedrängt werden.

VARIANTE 1:

Geben Sie eine Beschreibung, die nicht nur die visuelle Wahrnehmung, sondern alle Sinne anspricht. Zum Beispiel:

Sie sind in einem Zimmer. Alles ist sehr leise, aber Sie können einige Geräusche hören: das Ticken der Uhr, den Verkehr in der Ferne: ein Auto, ein Motorrad ... Sie sitzen in einem bequemen Sessel. Wie fühlen sie sich? Sie haben Durst.
Sie nähern das Glas Ihren Lippen und trinken ein bißchen. Was ist es? Schmeckt es Ihnen? Plötzlich hören sie ein Geräusch im Haus. Sie stehen auf.

Bitten Sie die Lerner erneut, in Zweiergruppen zu arbeiten. Erläutern Sie, daß zwar Sie die Fragen stellen werden, daß aber jede/r die Antworten seinem/ihrem Nachbarn gibt. Regen Sie durch Ihre Fragen die Lerner dazu an, möglichst genaue Aussagen darüber zu machen, wie sie die Szene wahrgenommen haben.

VARIANTE 2:

Bitten Sie die Lerner, die Augen zu schließen und einem Gedicht oder einer Geschichte zu lauschen. Sie sollen sich dabei entspannen und beobachten, welche Bilder in ihrer Phantasie beim Zuhören entstehen. Anschließend schildern sie sich in Zweiergruppen gegenseitig, was sie gesehen haben.

VARIANTE 3:

Lesen Sie aus einem Gedicht oder einer Geschichte einen kurzen Teil vor (eine Strophe oder einen Absatz), in dem eine Ortsbeschreibung enthalten ist. Geben Sie, nachdem Sie geendet haben, den Lernern genau eine Minute Zeit, um eine Skizze des Ortes anzufertigen. Wegen der Kürze der Zeit wird die Zeichnung zwangsläufig ungenau und mehrdeutig, z.B. werden Stühle nur durch Vierecke dargestellt.
Geben Sie den Lernern anschließend drei Minuten Zeit, um sich in Zweiergruppen ihre Zeichnungen gegenseitig zu erklären, und zu erläutern, was sie sich beim Vorlesen vorgestellt haben.

75 Was ist los?

LERNZIEL:

Situationsbeschreibungen machen, Vermutungen anstellen

VERLAUF:

Bitten Sie zwei Lerner, sich mit dem Rücken zur Tafel hinzustellen; sie sind die Detektive. Dann schreiben Sie ein Faktum an die Tafel. (Vgl. Auswahl von Situationen in der nachstehenden BOX). Die Gruppe ist Zeuge des Vorfalls und weist durch Gesten, Geräusche und Äußerungen auf die Situation hin, ohne sie direkt zu benennen. Die Detektive müssen erraten, um was es sich handelt. Sie sind dabei auf die Reaktionen der Zeugen angewiesen. Wenn beispielsweise an der Tafel steht: *Die Schule brennt*, könnten die Zeugen folgende Hinweise geben:
Ich sehe Rauch!
Hier ist es sehr heiß. Meint ihr nicht auch?
Ich höre eine Polizeisirene.
Dort fliehen zwei Kinder.

VARIANTE 1:

Wenn Sie genügend Zeit zur Verfügung haben, können Sie die Übung als Spiel zwischen zwei Teams gestalten, wobei jedes Team einmal die „Detektive" und einmal die „Zeugen" stellt.

VARIANTE 2:

Wenn es die Sprachkenntnisse erlauben, kann der Detektiv die (vermeintlich) gefundene Lösung in Form einer Vermutung ausdrücken, z.B. so: *Es könnte ein Brand in der Schule sein.* Oder so: *Ich glaube, es handelt sich um eine brennende Schule.*

Was ist los?

1. Ein Brand in der Schule.
2. Die Unterrichtsstunde ist sehr langweilig.
3. Das Kind ist krank.
4. Es ist Zeit, nach Hause zu fahren.
5. In euerem Haus findet ein Fest statt.
6. Draußen ist es sehr kalt.
7. Diebe sind im Haus gewesen.
8. Diese Dame ist sehr reich.
9. Ein Autounfall auf der Autobahn.
10. Morgens, 8.30 Uhr: Der öffentliche Verkehr bricht zusammen.
11. Ihnen wurde der Wagen gestohlen.
12. Sie haben im Lotto gewonnen.

76 Bilddiktat

LERNZIEL:

Hörverstehen

VERLAUF:

Beschreiben Sie eine Situation oder eine Person, und geben Sie den Lernern genug Zeit, das Gehörte in eine Zeichnung umzusetzen. Lassen Sie sie die Bilder untereinander vergleichen.

Wenn genügend Zeit vorhanden ist, können die Lerner ihre Zeichnung daraufhin „zurückdiktieren", während Sie das Diktat in einer Tafelzeichnung wiedergeben.

VARIANTE:

Es kann auch auf andere Weise vorgegangen werden: Die Lerner diktieren Ihnen die Zeichnung, wobei jeder und jede einen Beitrag dazu liefert. Oder es wird paarweise gearbeitet, und ein/e Partner/in diktiert, während der/die andere zeichnet. Dann werden die Rollen getauscht.

77 Memory

LERNZIEL:

Beschreiben

VORBEREITUNG:

Kopieren Sie die Seite 85 mehrmals, d.h. für jede Kleingruppe von drei bis vier Personen zweimal. Kleben Sie die Blätter auf einen leichten Karton und schneiden Sie die Kärtchen aus.

VERLAUF:

Bilden Sie Kleingruppen von nicht mehr als vier Personen, und geben Sie jeder Gruppe 60 Kärtchen (= 30 Paare).

Wenn Sie weniger Zeit zur Verfügung haben, wählen Sie 20 Zeichnungen aus, und verteilen nur jeweils 40 Kärtchen (= 20 Paare). Wichtig ist, daß jedes Motiv zweimal vorkommt.

Die Kärtchen werden gemischt und mit dem „Gesicht" nach unten vor jeder Gruppe ausgelegt. Spieler/in 1 wählt zwei Karten aus, die er/sie aufdeckt und beschreibt:

Auf dem Kärtchen ist eine Frau, die rennt.
Es sind zwei Personen, die lächeln.

Daraufhin werden die Kärtchen wieder umgedreht. Spieler/in 2 fährt in derselben Weise fort, wobei alle Spieler versuchen, sich die Position der einzelnen Kärtchen zu merken, um beim nächsten Mal möglichst ein Paar mit identischer Abbildung aufdecken zu können, das der/die betreffende Spieler/in dann an sich nehmen darf:

Es ist eine schlafende Katze.
Und das auch.

Wer zum Schluß die meisten Paare gesammelt hat, ist Gewinner.

78 Silhouetten

LERNZIEL:

Beschreiben

VORBEREITUNG:

Kopieren Sie die Silhouetten auf S. 87 und die Fotos auf S. 88.
Wenn Sie selbst derartige Silhouetten anfertigen möchten, gehen Sie so vor: Schneiden Sie geeignete Bilder aus einer Zeitschrift aus. Kopieren Sie sie. Kleben Sie die Kopien – nur an den Rändern – auf einen leichten schwarzen Karton, und schneiden Sie die Konturen der im Mittelpunkt des Bildes stehenden Person aus. Lösen Sie die Kopien ab, und kleben Sie die so gewonnenen Silhouetten auf ein weißes Blatt Papier. Kleben Sie die Originalbilder aus der Zeitschrift ebenfalls in derselben Anordnung auf ein Blatt Papier, sie dienen Ihnen als Lösungen.

VERLAUF:

Zeigen Sie die erste Silhouette und fragen Sie die Lerner, um welche Person es sich handelt und was er oder sie gerade im Begriffe ist zu tun:

Was ist das? Ein Mann oder eine Frau?
Was macht er/sie?

Mögliche Antworten zu 1:
Es ist ein Mann. Es könnte aber auch eine Frau sein. Er/Sie sucht etwas. Er/Sie spricht mit einem kleinen Kind. Er/Sie macht Gymnastik ...

Greifen Sie helfend ein, wenn zusätzliches Vokabular benötigt wird.
Sobald sich die Einfälle der Lerner zu erschöpfen beginnen, zeigen Sie das Originalbild. Es wird entweder eine Bestätigung der Vermutungen oder aber eine Überraschung sein.

VARIANTE:

Sie können auch alle sechs Scherenschnitte auf einmal präsentieren, so daß die Lerner selbst wählen können, welchen sie kommentieren möchten. Sie können aber auch von einem Bild zum anderen springen, wenn neue Einfälle kommen. Dabei ist es wichtig, daß die einzelnen Bilder numeriert sind, damit immer klar ist, wovon gesprochen wird.

✂

79 Wem gehört was?

LERNZIEL:

Beschreiben, Vermutungen äußern; Possessivum; Wortschatz

VERLAUF:

Sagen Sie den Lernern, daß Sie ihre Beobachtungsfähigkeit und ihr Gedächtnis testen wollen. Sammeln Sie sieben bis acht Gegenstände von Kursteilnehmern ein (vorausgesetzt, diese sind damit einverstanden!). Zeigen Sie der Gruppe je-den einzelnen Gegenstand, bevor Sie ihn in einer Tasche verschwinden lassen.

Wenn genügend Zeit zur Verfügung steht, bitten Sie die Lerner, alle Gegenstände, ihr Aussehen und ihre Besitzer aufzuschreiben. Ist die Zeit knapp, lassen Sie die Dinge mündlich benennen, beschreiben und den Besitzer angeben. Sie sollten die Angaben zunächst weder bestätigen noch zurückweisen, sondern die Lerner ermuntern, ihre Aussagen zu begründen.

Zeigen Sie zum Schluß die Gegenstände, und geben Sie sie an ihre Besitzer zurück.

80 Gegenstände ertasten

LERNZIEL:

Wortschatzwiederholung; Vermutungen äußern; Variante: kreatives Schreiben

VERLAUF:

Sammeln Sie von den Lernern und aus dem Unterrichtsraum verschiedene Gegenstände ein und stecken Sie sie in eine große Tasche. Lassen Sie die Lerner anschließend in die Tasche fassen und die Gegenstände identifizieren, indem sie sie abtasten. Die Lerner benennen den Gegenstand, wenn sie ihn erkannt haben, oder äußern eine Vermutung:

Es könnte ein Bleistift sein.
Ich glaube, es ist das Feuerzeug von Michaela.

VARIANTE:

Verbinden Sie den Lernern die Augen und reichen Sie nacheinander vier bis fünf Gegenstände herum, die von den Lernern betastet, aber nicht benannt werden. Nachdem alle Gelegenheit hatten, die Gegenstände zu befühlen, schreibt jede/r eine kurze Geschichte, in der die vermuteten Objekte vorkommen.

Hinweis:
Die in der Variante beschriebene Aktivität ist besonders motivierend, wenn Sie ausgefallene Gegenstände wählen, die nicht auf Anhieb zu erkennen sind oder sich ungewöhnlich anfühlen (z.B. ein mit Sand gefüllter Handschuh).

81 Wer? Wo? Was?

LERNZIEL:

Beschreiben

VERLAUF:

Beschreiben Sie einen Gegenstand aus dem Unterrichtsraum und fragen Sie zum Schluß: *Was ist es?* Fahren Sie mit der Beschreibung einer Person, die alle Kursteilnehmer kennen, fort. Die Kursteilnehmer sind aufgefordert zu raten, was oder wen Sie beschrieben haben.

Sie: *Es hat zwei Türen, ist grün und innen stehen Bücher.*
Lerner/in: *Der Schrank.*

Sie: *Die Person trägt eine blaue Hose, ist blond und sitzt in der dritten Reihe.*
Lerner/in: *Es ist Ulrike.*

Wenn die Lerner gemerkt haben, wie die Übung abläuft, können sie dazu übergehen, selber eine Person, einen Ort oder einen Gegenstand zu beschreiben. Die übrige Gruppe ist aufgefordert zu raten, um wen oder was es sich handelt.

VARIANTE:

Teilen Sie den Kurs, nachdem Sie einmal vorgemacht haben, wie die Übung abläuft, in zwei Gruppen. Flüstern Sie einem/r Lerner/in ein Wort ins Ohr (es kann der Name einer Person, die Bezeichnung eines Gegenstands, Ortes oder Ereignisses sein). Er/Sie muß den genannten Begriff nun so gut beschreiben, daß die eigene Gruppe ihn erraten kann. Wiederholen Sie den Vorgang mit einer Person aus der anderen Gruppe. Machen Sie abwechselnd mit beiden Gruppen weiter; Sieger ist die Gruppe, die am Schluß die meisten Beschreibungen erraten hat.

82 Wie gut ist Ihr Gedächtnis?

LERNZIEL:

Beschreiben

VERLAUF:

Teilen Sie einer Hälfte der Kursteilnehmer den Buchstaben A, der anderen Hälfte den Buchstaben B zu, und lassen Sie Zweiergruppen von je einem A und einem B bilden. Bitten Sie die Lerner A, ihre Augen zu schließen und den Kopf auf ihre Arme auf den Tisch zu legen. Nun sollen sie versuchen, ihren Partner B aus dem Gedächtnis so genau wie möglich zu beschreiben. B kann helfen, indem er/sie Fragen stellt und Kommentare gibt.
Wenn Sie genügend Zeit zur Verfügung haben, bitten Sie nun die Lerner B, ihrerseits die Augen zu schließen und den Unterrichtsraum zu beschreiben. A sollte antworten, aber die Angaben von B weder bestätigen noch zurückweisen.

VARIANTE 1:

Bitten Sie alle Teilnehmer, sich genau zu vergegenwärtigen, was man vom Eingang des Unterrichtsgebäudes aus sehen kann. Ermuntern Sie sie zu unterschiedlichen Äußerungen.

VARIANTE 2:

Knüpfen Sie an eine Erfahrung an, die alle gemeinsam haben, z.B. ein Schulfest, die Anmeldung für den Kurs oder die ersten fünf Minuten der Unterrichtsstunde. Es geht darum herauszufinden, wie gut die Teilnehmer sich an Einzelheiten erinnern können. Die Aufgabe besteht darin, die Situation möglichst detailliert zu rekonstruieren, z.B. wie die Leute aussahen, was sie gesagt und getan haben, wie die Umgebung aussah und was sich in welcher Reihenfolge abgespielt hat.

VI. Wer fragt, weiß mehr

83 Neugierige Fragen

LERNZIEL:

Fragen stellen

VERLAUF:

Wählen Sie aus dem Lehrbuch einen Satz aus, der eine Behauptung enthält. Diese kann richtig, falsch, ernsthaft, scherzhaft oder auch absurd sein. Sie können den Satz auch frei erfinden, z.B.: *Der Mond ist aus grünem Käse.*
Nun bitten Sie die Lerner, möglichst viele Fragen zu diesem Satz zu stellen, hier einige Beispiele:
Ist der Käse hellgrün oder flaschengrün?
Welche Sorte Käse ist es?
Warum ist der Mond aus Käse?
War er schon immer aus Käse?

VARIANTE:

Wenn genügend Zeit vorhanden ist, können die Lerner versuchen, auf die eine oder andere Frage eine Antwort zu finden.

84 Unterbrechen Sie die Geschichte

LERNZIEL:

Hörverstehen und Fragen stellen

VERLAUF:

Kündigen Sie an, daß Sie nun eine Geschichte erzählen werden und daß die Lerner Sie so oft und schnell wie möglich durch Fragen unterbrechen sollen, z.B.:

Sie:	*Am nächsten Tag ...*
Lerner/in A:	*An welchem Tag?*
Sie:	*An einem Dienstag...*
Lerner/in B:	*Morgens oder nachmittags?*
Sie:	*Am Nachmittag. Also, am nächsten Tag ging ich ...*
Lerner/in C:	*Um wieviel Uhr?*
Etc.	

85 Welche Geschichte steckt dahinter?

LERNZIEL:

Fragen stellen und beantworten

VERLAUF:

Zeigen Sie den Kursteilnehmern einen Gegenstand, den Sie bei sich haben, z.B. ein Taschenmesser, einen Armreif, Ihre Jacke. Erzählen Sie etwas über den Gegenstand, und ermuntern Sie die Lerner, Ihnen Fragen über den Gegenstand, seine Bedeutung und seine Geschichte zu stellen. Fragen Sie anschließend einzelne Kursteilnehmer, ob sie nicht auch eine Geschichte über irgendeinen ihrer Gebrauchsgegenstände erzählen möchten.

86 Ratespiel mit Wörtern

LERNZIEL:

Wortschatz; Fragen stellen

VERLAUF:

Denken Sie sich einen Gegenstand, ein Tier oder eine Person aus und sagen Sie den Lernern, welcher dieser drei Kategorien Ihr Begriff angehört. Die Lerner versuchen, ihn zu erraten, indem sie Fragen stellen, die von Ihnen mit *ja* oder *nein* beantwortet werden können. Nur wenn das Fragen ins Stocken gerät, geben Sie Hinweise, die das Raten erleichtern. Hier ein Beispiel:
Ihr Wort ist *Hund*. Sie sagen den Lernern: *Es handelt sich um ein Tier.*
Die Lerner mögen dann Fragen stellen wie:

Lebt es im Wald? Kann es fliegen? Frißt es Fleisch? Lebt es auch in der Stadt? Ist es ein treues Tier? Beißt es?

VARIANTEN:

Anstatt zu sagen, welcher oben angegebenen Kategorie der zu ratende Begriff angehört, können Sie auch andere Hinweise geben, z.B.
– ob es sich um ein Tier, eine Pflanze oder ein Mineral handelt;
– welche Farbe oder Größe es hat;
– ob Sie es mögen oder nicht;
– mit welchem Buchstaben das Wort beginnt etc.
Möglicherweise empfiehlt es sich, die Fragen auf 10 bis 20 zu beschränken.

87 Verbotene Antworten

LERNZIEL:

Entscheidungsfragen stellen, Antworten geben

VERLAUF:

Ein Lerner – der sich freiwillig meldet – stellt sich vor die Gruppe, die ihn mit Ja-/Nein-Fragen bombardiert. Der Interviewte antwortet wahrheitsgemäß, ohne die Wörter *ja* und *nein* zu gebrauchen. Vielmehr wird er Ausdrücke verwenden wie:
Unvorstellbar.
Und wie!
Natürlich (nicht).
Genau so.
Selbstverständlich (nicht).
Keineswegs.
Er kann aber auch die Antwort verweigern und sagen:

Ich sage es Ihnen ein andermal.
Warum sind Sie so neugierig?
Das geht Sie nichts an.
Wenn es dem Interviewten gelingt, auf jede Frage mit einer passenden Äußerung zu reagieren, hat er gewonnen. Das Interview sollte nicht länger als drei bis fünf Minuten dauern.

VARIANTE:

Die Gruppe wird in zwei Teams geteilt. Ein Mitglied der Gruppe A beantwortet Fragen der Gruppe B. Dann wird gewechselt: Ein Teilnehmer der Gruppe B beantwortet die Fragen, die die Gruppe A an ihn stellt. Stoppen Sie genau die Zeiten. Es gewinnt das Team, dessen Interviewter am längsten durchhält, die „verbotenen" Wörter zu vermeiden.

88 Fragen, die ich gerne stellen würde ...

Fragen stellen, Informationen austauschen, andere Kursteilnehmer besser kennenlernen

Bitten Sie die Lerner, drei oder vier Punkte aufzulisten, die sie gerne von einer bestimmten Person beantwortet hätten. Dabei kann es sich um eine bekannte Persönlichkeit handeln oder aber um eine neue, interessante Bekanntschaft. Die Lerner bilden dann Paare, wobei jeder Partner jeweils die Anmerkungen des anderen Partners zum Ausgangspunkt nimmt, um die entsprechenden Fragen an ihn zu stellen.

Wenn in Gruppen gearbeitet wird, können die Lerner die Fragen auswählen, die sie gerne an die anderen Kursteilnehmer stellen möchten. In diesem Fall sucht sich jeder Teilnehmer reihum eine ihn interessierende Frage aus, die er an alle anderen richtet.

89 Interview mit einer interessanten Person

Fragen stellen, ein Interview führen

Geben Sie vor, eine berühmte Persönlichkeit zu sein (ein/e Sänger/in oder Schauspieler/in, eine lokale Größe oder literarische Figur), ohne jedoch zu sagen, wen Sie darstellen. Ermuntern Sie die Lerner, Fragen zu stellen, um Ihre Identität zu enthüllen. Tun Sie so, als hielten Sie eine Pressekonferenz ab, bei der die Lerner sich in der Rolle der fragenden Journalisten befinden. Natürlich müssen Ihre Antworten so überzeugend wie möglich sein.

Wenn die Lerner herausgefunden haben, welche Person Sie verkörpern, übernimmt einer der Kursteilnehmer die Rolle einer prominenten Person und sucht sich eine fremde Identität.

Anstatt in eine fremde Rolle zu schlüpfen, können Sie auch als „Sie selber" eine Pressekonferenz abhalten. Es sollte aber einen interessanten Anhaltspunkt geben, zu dem die Kursteilnehmer Sie befragen. Dieser kann auf Tatsachen beruhen (ein Hobby oder ein besonderes Erlebnis) oder aber der Phantasie entspringen: Sie halten ein Krokodil als Haustier oder haben gerade ein Jahr auf einer einsamen Insel gelebt oder werden demnächst einen Abend mit einer berühmten Persönlichkeit verbringen.

Oft führen die Antworten zu weiteren Fragen, und ein interessantes, nicht ganz ernst gemeintes Interview entwickelt sich lebhaft weiter.

Hinweis:
Es empfiehlt sich, den Kursteilnehmern vorab ein paar Minuten Zeit zu geben, damit sie sich ihre Fragen zurechtlegen können.

90 Das *alter ego*

LERNZIEL:

Interviews

VERLAUF:

Sagen Sie den Lernern, daß Sie ihnen einige Fragen stellen werden und daß sie sich dabei vorstellen sollen, die Person zu sein, die sie immer schon gerne hätten sein wollen.

Geben Sie dann den Lernern eine Minute Zeit, damit sie sich auf dieses neue „Selbstbild" einstellen können. Sie können dies sowohl auf ernsthafte Weise machen als auch in mehr spaßhafter Form.

Stellen Sie dann die Fragen, die Sie der nachstehenden BOX entnehmen können. Die Antworten richten die Lerner nicht an Sie bzw. an das Plenum, sondern jeweils an den Nachbarn.

VARIANTE 1:

Die Fragen werden von den Lernern gestellt und entweder an den Nachbarn oder an die ganze Gruppe gerichtet. Die Antworten richten sich an den Nachbarn, an eine Kleingruppe oder an die ganze Gruppe.

VARIANTE 2:

Wenn Sie glauben, daß es die Lerner interessiert, können Sie ihnen helfen, dieses *alter ego* weiter zu entwickeln und in späteren Übungsaktivitäten wieder aufzugreifen. Beispielsweise können Sie eine aktuelle Meldung aus der Presse erwähnen und fragen, wie das *alter ego* jedes einzelnen Lerners darauf reagieren würde.

VARIANTE 3:

Die Lerner nehmen die Rolle einer Person an, die das absolute Gegenteil ihrer selbst darstellt. Dabei kann eine ziemlich „normale" Person die Rolle eines „verrückten Kerls" annehmen oder eine sehr warmherzige Persönlichkeit einen knallharten Typ spielen.

Das *alter ego*

1. Sind Sie ein Mann oder eine Frau?
2. Wie alt sind Sie?
3. Wie heißen Sie?
4. Was arbeiten Sie?
5. Was würden Sie tun, wenn Sie eine Million Mark hätten?
6. Was erwarten Sie vom Leben?
7. Was beängstigt Sie am meisten?
8. Haben Sie Probleme?
9. Was würde Ihnen eine Freude machen?
10. Wie ist Ihre Beziehung zu Ihren Klassenkameraden?

91 Wichtige Personen

LERNZIEL:

Diskutieren, Personen in ihrem Aussehen und Wesen beschreiben

VERLAUF:

Bitten Sie die Lerner, zu zweit oder in Kleingruppen über eine Person (oder mehrere) zu sprechen, die sie in ihrem Leben stark beeinflußt hat, und die Gründe dafür zu nennen.

LERNZIEL:

Hörverstehen, freies Sprechen

VERLAUF:

Laden Sie die Lerner ein, auf die Fragen zu antworten, wenn sie möchten bzw. ihre Vermutungen zu äußern. Die genaue Antwort können sie anschließend von Ihnen erfahren (Vgl. nachstehende Lösungen).

Wenn es sich um Vermutungen handelt, können die Antworten mit *Ich denke ...; Mir scheint ...; Ich glaube (nicht), daß ...; So viel ich weiß ...; Wenn ich mich recht erinnere ...; Wenn ich mich nicht irre ...; Ich stelle mir vor ...* etc. eingeleitet werden.

VARIANTE 1:

Bieten Sie den Lernern als Hausaufgabe an, bis zum nächsten Mal drei Wissensfragen mit Antworten schriftlich zu formulieren und dabei anzugeben, woher die Informationen stammen. Sammeln Sie in der nächsten Stunde alle Fragen und Antworten ein, und verwenden Sie sie zusätzlich zu den Quizfragen auf S. 96.

VARIANTE 2:

Teilen Sie die Klasse in Vierer-Gruppen. Stellen Sie die Fragen und geben Sie den Gruppen genau 45 Sekunden Zeit, um über eine Frage zu sprechen und sich über die Antwort zu einigen. Dann trägt jede Gruppe ihre Antwort vor; zuletzt geben Sie – oder ein/e von Ihnen als Quizmaster bestellte/r Lerner/in – die richtige Antwort an.

Hier die Lösungen der Quizfragen:

1. In Deutschland (Bayern).
2. 2963m.
3. Bern.
4. Der afrikanische Elefant hat größere Ohren und kürzere Hinterbeine.
5. Der Rhein und die Donau.
6. Deutsch, Französisch, Italienisch und Rätoromanisch.
7. Schwarz, rot und gold.
8. Rot.
9. Der Nil (6671 km) und der Amazonas (6400 km).
10. Bei Schaffhausen (Schweiz).
11. Ein bekannter deutscher Filmemacher und Regisseur.
12. An der Elbe.
13. Von Albert Einstein (geboren 1879 in Ulm, gestorben 1955 in Princeton/New Jersey).
14. Johann Wolfgang von Goethe (1749-1832).
15. In Frankfurt am Main.
16. 1 Uhr morgens.
17. Friedrich Dürrenmatt.
18. Franz Beckenbauer.
19. Für das Lübecker Marzipan.
20. Bei 100°C.
21. In Prag.
22. In Frankfurt am Main.
23. Von München.
24. Der erste deutsche Bundeskanzler nach dem zweiten Weltkrieg.
25. Die Friedenskirche in Berlin.
26. Den Friedensnobelpreis.
27. Zwischen Asien und Europa.
28. Zu Deutschland, Österreich und der Schweiz.
29. Berlin ist am größten, dann folgen Hamburg, München und Stuttgart.
30. In Bonn.
31. Er war taub.
32. Kolumbus (1492).
33. Für das Oktoberfest.
34. Hamburg.
35. Wilhelm II.

Quizfragen

1. Wo ist die Zugspitze?
2. Wie hoch ist sie?
3. Wie heißt die Hauptstadt der Schweiz?
4. Was ist der Unterschied zwischen einem indischen und einem afrikanischen Elefanten?
5. Welches sind die längsten Flüsse, die durch Deutschland fließen?
6. Was sind die offiziellen Sprachen der Schweiz?
7. Welche Farben hat die deutsche Fahne?
8. Welche Farbe muß man mit blau mischen, um violett zu bekommen?
9. Welches sind die beiden längsten Flüsse der Erde?
10. Wo ist der Rheinfall?
11. Wer war Rainer Werner Faßbinder?
12. An welchem Fluß liegt Hamburg?
13. Von wem stammt die Relativitätstheorie?
14. Wer hat „Faust" geschrieben?
15. Wo ist Goethe geboren?
16. Wie spät ist es in New York, wenn es in Frankfurt 7 Uhr morgens ist?
17. Wer hat „Der Besuch der alten Dame" und „Die Physiker" geschrieben?
18. Welcher deutsche Fußballer wurde der „Kaiser" genannt?
19. Für welches Lebensmittel ist Lübeck bekannt?
20. Bei welcher Temperatur kocht das Wasser?
21. In welcher Stadt begann der 30-jährige Krieg?
22. In welcher Stadt ist der Rhein-Main-Flughafen?
23. Die Liebfrauenkirche ist das Wahrzeichen von welcher Stadt?
24. Wer war Konrad Adenauer?
25. Welche berühmte deutsche Kirche ist eine Ruine?
26. Welchen Preis erhielt Willy Brandt im Jahr 1971?
27. Zwischen welchen Kontinenten liegt das Schwarze Meer?
28. Zu welchen Ländern gehört der Bodensee?
29. Ordnen Sie die folgenden Städte nach der Größe: Hamburg, München, Berlin, Stuttgart.
30. In welcher Stadt ist der Komponist Ludwig van Beethoven geboren?
31. Welches Problem hatte Beethoven im Alter?
32. Wer entdeckte Amerika?
33. Für welches Volksfest ist München bekannt?
34. Welche deutsche Stadt hat das Autokennzeichen HH?
35. Wie hieß der letzte deutsche Kaiser?

93 Wahrheit und Lüge

LERNZIEL:

Hörverstehen, Meinungsäußerung

VERLAUF:

Bitten Sie die Lerner, eine wahre oder falsche Aussage aufzuschreiben. Wählen Sie zehn Lerner aus, die der Reihe nach ihre Sätze vorlesen. Die übrigen Kursteilnehmer – einschließlich der neun Personen, die gerade nicht mit dem Vorlesen an der Reihe sind – notieren den Namen des/r jeweiligen Sprechers/in, hören aufmerksam zu und markieren mit einem Kreuz oder anderen Zeichen, ob der jeweils vorgetragene Satz ihrer Ansicht nach der Wahrheit entspricht oder nicht. Nachdem die zehn Sätze vorgetragen wurden, vergleichen Sie die Antworten und bitten die Lerner zu sagen, welche Sätze nun wirklich wahr und welche falsch waren.

Hinweis:
Um Streitigkeiten zu vermeiden, können Sie zur Bedingung machen, daß sich die Aussagen auf nachprüfbare Tatsachen beziehen müssen, z.B. den jährlichen Niederschlag an einem bestimmten Ort oder die Ausstrahlung eines bestimmten Films im Fernsehprogramm desselben Abends. Zu viele nicht nachprüfbare Behauptungen führen zu Frustration und zum Abbruch der Übung. Wenn die Behauptungen sich auf den Unterricht oder Unterrichtsraum beziehen, kann es nicht zu Streitigkeiten kommen. Beispielsweise können Sie die Lerner bitten, richtige oder falsche Aussagen in bezug auf ein Bild zu machen, das im Gruppenraum hängt, oder in bezug auf einen Text, der vor kurzem durchgenommen wurde.

94 Lüge oder Wahrheit?

LERNZIEL:

Hörverstehen, Meinungsäußerung

VERLAUF:

Erzählen Sie von einem eigenen Erlebnis oder Vorhaben, aber lassen Sie einige erfundene Elemente in die Erzählung einfließen. Hier ist ein Beispiel, das auf der Absicht beruht, am Abend mit einem Freund Schach zu spielen. Beginnen Sie mit ernstem Gesicht, aber augenzwinkernd, zu erzählen:

Wie ich mich darauf freue, daß er heute abend kommt! Sie werden es nicht glauben. Ich denke, ich habe Ihnen noch gar nicht erzählt, daß ich Schach spiele. Ich bin sehr berühmt, so sehr, daß Schachspieler aus der ganzen Welt zu mir kommen, um gegen mich zu spielen. Ich weiß, daß das schwer zu glauben ist. Heute, zum Bei-spiel, kommt Boris Karpov, der russische Schachgroßmeister. Natürlich wird das ein schweres Spiel, aber ...

Mit der Zeit werden die Lerner (wenn sie es nicht bereits getan haben!) zum Ausdruck bringen, daß sie Ihnen nicht glauben. Geben Sie zu, ein wenig übertrieben zu haben, und fragen Sie, welche Teile der Erzählung nach Meinung der Lerner denn wohl der Wahrheit entsprechen.

VARIANTE:

Bilden Sie Vierer- oder Fünfergruppen. Die Lerner erzählen reihum eine Geschichte, die entweder wahr ist, aber erfundene Elemente enthält, oder wahr, aber sehr unwahrscheinlich, oder gänzlich erfunden. Die anderen hören zu und sagen, welche Elemente – wenn überhaupt – ihrer Meinung nach erfunden sind.

VII. Einander kennenlernen

95 Zahlen meines Lebens

LERNZIEL:

Informationen erfragen und erteilen; Zahlen

VERLAUF:

Lassen Sie einen Lerner bzw. eine Lernerin etwa zwölf Zahlen zwischen 1 und 40 an die Tafel schreiben. Die anderen schreiben mit. Daraufhin überlegen die Lerner – zunächst jeder und jede für sich –, welche dieser Zahlen in ihrem Leben eine Bedeutung haben oder hatten (z.B.: Hausnummer, Geburtstag, Alter eines Verwandten oder Freundes, Glückszahl etc.). Diese Zahlen streichen sie aus, wobei sie sich merken, welche Bedeutung sie jeder einzelnen Zahl gegeben haben.

Hinsichtlich der verbleibenden Zahlen werden die anderen Kursteilnehmer befragt, ob sie damit etwas aus ihrem Leben verbinden können. Wenn die Antworten positiv ausfallen, können auch diese Zahlen nach und nach gestrichen werden. Aber die Lerner müssen sich merken, welche Zahl für wen welche Bedeutung hat. Wer zuerst alle Zahlen gestrichen hat, ruft BINGO und kommentiert jede einzelne Zahl. Wenn dies lückenlos gelingt und die anderen Lerner keine Fehler feststellen, hat er/sie gewonnen.

96 Vergleichen Sie sich untereinander!

LERNZIEL:

Einander kennenlernen; Vergleiche anstellen

VERLAUF:

Lassen Sie die Lerner in Paaren arbeiten und sich und andere vergleichen. Geben Sie einige Beispielsätze an und schreiben Sie sie gegebenenfalls an die Tafel:
Sie sind größer als ich.
Karin hat kürzere Haare als ich.

VARIANTE 1:

Wenn Sie die Interaktion stärker in den Mittelpunkt rücken möchten, stellen Sie die Aufgabe, nicht äußere Merkmale wie Größe und Haarfarbe zum Gegenstand des Vergleichs zu machen, sondern Fakten, die erfragt werden müssen:

Sandra kann mehr Sprachen als ich.
Peter ist jünger als Werner.

VARIANTE 2:

Anstatt Vergleiche anzustellen, versuchen die Lerner zu ermitteln, was sie mit ihrem/r Gesprächspartner/in gemeinsam haben. Auch hierbei gelten äußerlich sichtbare Merkmale nicht. Anschließend berichten die Paare der Gruppe über die gefundenen Gemeinsamkeiten:
Wir spielen beide Klavier.
Wir treiben nicht gerne Sport.
Wir waren beide in Irland im Urlaub.

ERWEITERUNG:

Lassen Sie die Teilnehmer einige der gewonnenen Informationen im Plenum austauschen.

97 Einer nach dem anderen

LERNZIEL:

Fragen stellen; Kennenlernen

VERLAUF:

Bitten Sie zehn Lerner, nach vorne zu kommen. Fordern Sie sie auf, sich in der alphabetischen Reihenfolge ihrer Vornamen in eine Reihe zu stellen. Nachdem sie das getan haben, nennt jede/r zur Kontrolle seinen/ihren Namen (und wiederholt eventuell alle vorausgehenden).

Die anderen, die noch auf ihren Plätzen sind, können mitmachen, indem sie kommentieren oder korrigieren, was die Lerner vorne sagen und tun.

VARIANTE:

Bei dieser Aktivität geht es darum, eine Reihenfolge herzustellen, die durch gegenseitiges Befragen und Antworten ermittelt wird. Diese kann auch nach anderen Kriterien hergestellt werden:

– Aufstellen in der Reihenfolge der Geburtstage innerhalb des Jahres (Lernziel: Datum angeben)
– Aufstellen nach der geographischen Lage der Geburtsorte von Nord nach Süd (Lernziel: Herkunft erfragen)
– Aufstellen in der Reihenfolge der Uhrzeit, zu der sie normalerweise aufstehen oder zu Bett gehen (Lernziel: Uhrzeit).

98 Wer ...?

LERNZIEL:

Fragen stellen

VERLAUF:

Die Lerner haben eine Minute Zeit, um im Raum umherzugehen und nach einer Person zu suchen, die im selben Monat wie sie geboren wurde. Für jede gefundene Person gibt es einen Punkt. Dann suchen sie nach einer Person, die die gleiche Anzahl von Geschwistern hat. Stellen Sie je nach Zeit weitere Suchaufgaben. Am Ende wird verglichen, wieviele Punkte jede/r hat.

Wer...?

Wer
– ist im selben Monat wie Sie geboren?
– hat gleich viele Brüder wie Sie?
– hat gleich viele Schwestern wie Sie?
– ißt die gleichen zwei Sachen zum Frühstück wie Sie?
– hat die gleiche Lieblingsfarbe wie Sie?
– ist heute morgen um die gleiche Zeit wie Sie aufgestanden?
– treibt die gleiche Sportart wie Sie?
– war diese Woche so oft im Kino wie Sie?
– ist heute mit dem gleichen Transportmittel wie Sie zum Unterricht gekommen?
– hat gestern zum Abendessen das gleiche getrunken wie Sie?
– hat die gleiche Schuhgröße wie Sie?
– hat die gleiche Kleidergröße wie Sie?

99 Lieblingswörter

LERNZIEL:

Wortschatzwiederholung, begründen

VERLAUF:

Schreiben Sie eines Ihrer Lieblingswörter an die Tafel. Sagen Sie den Lernern, daß es sich um eines Ihrer Lieblingswörter handelt, und erklären Sie, warum. Es kann viele Gründe dafür geben: weil es gut klingt, weil es sehr nützlich ist, weil es Sie an eine sympathische Person erinnert, an ein Erlebnis, einen Ort etc.

Wenn Sie den Eindruck haben, die Lerner brauchen noch mehr Beispiele von Wörtern und Gründen, warum es Lieblingswörter sind, schreiben Sie noch ein oder zwei an die Tafel.

Die Lerner sollten anschließend ihre eigenen Lieblingswörter aufschreiben und die Gründe dafür mit ihrem Nachbarn/ihrer Nachbarin besprechen. Einige sind vielleicht bereit, ihr Lieblingswort an die Tafel zu schreiben und der Gruppe zu erklären, warum ihnen dieses Wort so gut gefällt.

100 Lieblingsdinge

LERNZIEL:

Sprechen, Vorlieben und Abneigungen äußern

VERLAUF:

Schreiben Sie fünf bis sechs Begriffe aus einem Bereich an die Tafel, z.B. Fernsehsendungen, Getränke, Farben, Politiker, Sportarten etc. Ordnen Sie jedem Begriff einen Buchstaben zu: A, B, C etc. Zum Thema Freizeit können Sie z.B. angeben:

> A. Fußball   D. etwas trinken gehen
>
> B. Tennis spielen   E. Lesen
>
> C. Kino   F. Musik hören

Jede/r schreibt nun die Buchstaben in der Reihenfolge seiner/ihrer Vorlieben auf: Wer Lesen als Lieblingsbeschäftigung hat, schreibt also E an die erste Stelle der Liste. Anschließend vergleichen und besprechen die Lerner ihre Listen in Zweiergruppen.
Führen Sie zum Schluß eine Abstimmung durch, um herauszufinden, welches die Favoriten sind.

ERWEITERUNG:

Wenn Sie noch Zeit haben, diskutieren Sie die unterschiedlichen Vorlieben mit der ganzen Gruppe. Gibt es einen Konsens über die Favoriten?

101 Vorlieben und Abneigungen

LERNZIELE:

Diskutieren; Vorlieben und Abneigungen äußern; Fragen stellen

VERLAUF:

Bitten Sie die Lerner, drei Dinge aufzuschreiben, die sie mögen, und drei, die sie nicht mögen. Es steht ihnen frei, sich auf wichtige Dinge oder auf Kleinigkeiten zu beziehen, aber sie müssen wahrheitsgemäße Angaben machen.

Machen Sie selber auch mit. Lesen Sie einen Punkt auf Ihrer Liste vor, und fügen Sie eine kurze Information hinzu, z.B.:

Ich mag keinen Lärm, besonders in der Nacht. Tagsüber stört er mich nicht so sehr.

Die Lerner sind aufgefordert, Ihnen Fragen zu stellen; anschließend tragen sie ihre eigenen Vorlieben und Abneigungen vor.

VARIANTE:

In Partnerarbeit lesen sich die Lerner gegenseitig reihum ihre Stichworte vor und sprechen darüber.

102 Ich wäre gern eine Giraffe

LERNZIEL:

Fragen stellen, diskutieren, Vorlieben äußern

VERLAUF:

Schreiben Sie folgende Wörter an die Tafel:

See   Wasserfall   Fluß   Ozean

Bitten Sie die Lerner, sich zu überlegen, ob sie lieber *ein See, ein Wasserfall, ein Fluß* oder *ein Ozean* wären, und ihre Entscheidung ihrem Nachbarn/ihrer Nachbarin mitzuteilen. Diese/r stellt weiterführende Fragen, z.B. *Sind Sie/Bist du ein sehr hoher Wasserfall?* oder *Ist der See in der Ebene oder in den Bergen?* oder *In welcher Hinsicht symbolisiert der Ozean Ihren/deinen Charakter?*

Weitere Beispiele finden Sie in der BOX.

Ich wäre gern eine Giraffe

Giraffe – Hund – Katze – Löwe
Sonne – Mond – Sterne – Komet
Glas – Teller – Tasse – Becher
Rom – New York – Paris – Berlin
Autobahn – Landstraße – Gasse – Fußweg
Hut – Schuh – Pullover – Schal
orange – grün – braun – lila
Apfel – Banane – Kartoffel – Tomate
Baum – Blume – Gemüse – Kraut
Kopf – Finger – Bein – Arm

VIII. Diskutieren und Argumentieren

103 Was ist gerade passiert?

LERNZIEL:

Ausrufe situativ einordnen; Gebrauch des Perfekt

VERLAUF:

Schreiben Sie eine Reihe von Ausrufen – aber nicht mehr als etwa zehn – an die Tafel (eine Auswahl finden Sie in der BOX). Zu zweit oder in Kleingruppen wählen die Lerner einen der Ausdrücke aus und überlegen sich, welches Ereignis oder welche Situation den/die Sprecher/in zu dieser Äußerung bewogen hat. Bitten Sie die Lerner, eine kurze schriftliche Beschreibung des Er-

eignisses zu geben und dabei das Perfekt zu verwenden. Zum Beispiel könnte jemand *Wie bitte?* wählen und schreiben:
Jemand hat nicht richtig verstanden, was man ihm gesagt hat.
Bitten Sie die Lerner danach, einen anderen Ausdruck zu wählen und damit in gleicher Weise zu verfahren. Nach zwei Minuten fordern Sie sie auf, ihre Sätze vorzulesen, ohne jedoch anzugeben, auf welchen Ausdruck sie sich beziehen; der Rest der Gruppe rät, welcher der Ausrufe in der beschriebenen Situation wohl gebraucht worden sein könnte.

Was ist gerade passiert?

Oh!	Super!	Willkommen.
Es tut mir leid.	Vielen Dank!	Viel Glück.
Niemals!	Einverstanden.	Das kann doch nicht wahr sein.
Mach dir keine Sorgen.	Herzliches Beileid.	Schon?
Auf Wiedersehen.	Wie peinlich.	Das ist doch selbstverständlich.
Au!	Klar, natürlich.	Kommt nicht in Frage!

104 Worum geht es eigentlich?

LERNZIEL:

Freies Sprechen (textgesteuert)

VERLAUF:

Schreiben Sie einen Satz in direkter Rede an die Tafel. Diese Äußerung stellt einen Ausschnitt aus einem Gespräch dar, dessen Zusammenhang nicht bekannt ist. Die Lerner versuchen zu ergründen, worüber gesprochen wird und um welche konkrete Situation es sich handelt. Sie versuchen, sich auch vorzustellen, was für eine Person der/die Sprecher/in ist, wie seine/ihre Beziehung zum/zur Gesprächspartner/in ist etc.

Sie können entweder von einer „richtigen" Lösung ausgehen, oder Sie versuchen, mit der Gruppe eine gemeinsame Lösung zu finden. Sie können aber auch so viele Lösungen wie möglich finden lassen.

VARIANTE:

Die von den Lernern vorgeschlagenen Lösungen können szenisch dargestellt werden: Die Lerner legen die jeweilige Situation fest und spielen den Dialog, in dem der betreffende Satz vorkommt.

Worum geht es eigentlich?

1. An deiner Stelle würde ich nicht zögern. So eine Gelegenheit kommt nicht wieder.
2. Das ist eine Schande! Wir fragen, ob sie uns das Geld zurückgeben.
3. Also, du kannst nicht. Dann müssen wir sehen, wie wir es lösen.
4. Das ist zu groß, es paßt nicht.
5. Ich traue mich nicht allein. Kannst du mir die Hand geben?
6. Ich bin nicht überzeugt, aber wenn du möchtest, mach es.
7. Nach dem, was Daniel mir gesagt hat, habe ich keine Lust mehr.
8. Wir sind gerade zur rechten Zeit gekommen. Eine Minute länger und ...
9. Daran hättest du früher denken müssen. Jetzt ist es zu spät.
10. Welch eine Überraschung! Wer hätte das gedacht!

LERNZIEL:

Ausdrucksvolle Minidialoge, Widerspruch äußern

VERLAUF:

Wählen Sie einen Minidialog bestehend aus zwei kurzen Sätzen, in denen ein Widerspruch geäußert wird. Zum Beispiel:
Bald wird es regnen.
Sicher nicht.
Bitten Sie zwei freiwillige Kursteilnehmer, diesen Dialog als Streitgespräch zu führen; sie dürfen dabei keine anderen als die vorgegebenen Wörter verwenden, sollen aber in ihrer Mimik, Gestik und Intonation nachdrücklich versuchen, den anderen zu überzeugen. Wer zuerst nachgibt, hat verloren.

Sie können einen Text aus dem Lehrbuch als Grundlage für diesen Minidialog verwenden und damit zugleich Wortschatz oder Grammatik wiederholen.
Weitere Streitgespräche finden Sie in der BOX.

ERWEITERUNG:

Gestatten Sie den Lernern, die Dialoge zu erweitern, zu variieren oder fortzusetzen, und dehnen Sie die Übung zu einem Rollenspiel aus. Im oben genannten Dialog könnten die Gesprächspartner erläutern, warum sie sich so für das Wetter interessieren – planen sie einen Spaziergang oder ein Picknick? – und die Diskussion darüber fortsetzen, warum sie glauben, daß es regnen bzw. nicht regnen wird, und welche Konsequenzen das für sie hat.

VARIANTE:

Die Dialoge können auch als Diskussionsgrundlage für Aktivität 104 eingesetzt werden.

Streitgespräche

1. Ich glaube, du mußt es ihm sagen. Nein, er bringt mich um.
2. Es ist kalt. Komm doch rein. Nein, ich fühle mich hier wohl.
3. Ich habe einen wunderschönen Urlaub verbracht.
   Du siehst aber gar nicht so aus.
4. Ich sage: Nein. Aber warum denn? Das ist nicht gerecht.
5. Es ist spät, wir haben keine Zeit. Laß uns gehen.
   Aber ich habe doch noch nicht gefrühstückt.
6. Ich möchte nichts hören. Sie sind entlassen.
   Ich kann alles erklären. Lassen Sie es mich doch bitte erklären.

106 So hat sie es gesagt

LERNZIEL:

Intonation und Aussprache

VERLAUF:

Nennen Sie einen kurzen Ausdruck oder Satz und bitten Sie die Lerner, ihn auf möglichst viele verschiedene Arten auszusprechen. Erörtern Sie gemeinsam, wie sich die Bedeutung mit der jeweiligen Intonation ändert oder in welcher Situation der Ausdruck mit dieser Intonation wohl gesagt worden ist. Beispiele finden Sie in der BOX.

Intonation

1. Ich liebe dich.   6. Geh zu!
2. Oh!   7. Komm!
3. Hallo!   8. Bitte!
4. Guten Tag!   9. Ja./Nein.
5. Gut.   10. Das ist ja unmöglich.

107 Sind Sie damit einverstanden?

LERNZIEL:

Verschiedene Meinungen vertreten und diskutieren

VERLAUF:

Schreiben Sie zwei oder drei umstrittene Äußerungen (einige Beispiele finden Sie in der nachstehenden BOX) oder Sprichwörter (siehe BOX zu Nr. 108) an die Tafel. Die Lerner notieren diese Sätze und vermerken daneben, ob sie damit einverstanden sind oder nicht oder ob sie dazu keine Meinung haben (*Ich bin damit [nicht] einverstanden, ich habe dazu keine Meinung*). Daraufhin vergleichen sie ihre Standpunkte in Kleingruppen. Wenn genügend Zeit vorhanden ist, kann auch das eine oder andere Statement im Plenum diskutiert werden.

Meinungen

1. Schönheit ist eine Geschmacksfrage.
2. Jedes Volk hat die Regierung, die es verdient.
3. Der Mensch ist von Natur aus Egoist.
4. Man müßte den Konsum von Drogen legalisieren.
5. Um den wirtschaftlichen Stillstand zu bekämpfen, muß der Konsum erhöht werden.
6. Die Höchstgeschwindigkeit auf Autobahnen sollte 120 km/h betragen.

LERNZIEL:

Deutsche Sprichwörter lernen und wiederholen

VERLAUF:

Schreiben Sie ein deutsches Sprichwort an die Tafel (siehe nachstehende BOX), diskutieren Sie mit den Lernern seine Bedeutung, und lassen Sie sie gegebenenfalls ein muttersprachliches Äquivalent finden.

VARIANTE 1:

Diktieren Sie zwei Sprichwörter, die einander zu widersprechen scheinen. Versuchen Sie, gemeinsam mit den Lernern Situationen zu finden oder Erfahrungen mitzuteilen, die zeigen, daß beide Sprichwörter Gültigkeit haben können.

VARIANTE 2:

Geben Sie jedem/r Lerner/in eine Liste von ca. zehn Sprichwörtern, und lassen Sie ihn/sie eines auswählen, das er/sie als ein ganz persönliches Motto verstehen könnte.

Sprichwörter

1. Der Apfel fällt nicht weit vom Stamm.
2. Einem geschenkten Gaul schaut man nicht ins Maul.
3. Unkraut vergeht nicht.
4. Morgenstund hat Gold im Mund.
5. Zeit ist Geld.
6. Nach Regen kommt Sonnenschein.
7. Aus den Augen, aus dem Sinn.
8. Lügen haben kurze Beine.
9. Glück in der Liebe, Pech im Spiel.
10. Was du heute kannst besorgen, das verschiebe nicht auf morgen.
11. Aller Anfang ist schwer.
12. Bei den Blinden ist der Einäugige König.
13. Sag mir, mit wem du gehst, und ich sage dir, wer du bist.
14. Unglück kommt selten allein.
15. Reden ist Silber, Schweigen ist Gold.
16. Klappern gehört zum Handwerk.
17. Schuster bleib bei deinen Leisten!
18. Besser spät als nie.
19. Nicht alles, was glänzt, ist Gold.
20. Wo Rauch ist, da ist auch Feuer.

109 Das will ich haben

LERNZIEL:

Diskutieren; phantasievoll argumentieren

VERLAUF:

Sagen Sie den Lernern, daß Sie etwas zu verschenken haben und daß derjenige den Gegenstand bekommt, der die besten Gründe dafür vorbringt, warum er ihn unbedingt braucht. Der Gegenstand kann etwas tatsächlich Erstrebenswertes sein (z.B. ein neues Auto oder ein Wintermantel) oder etwas ganz anderes (ein Krokodilbaby oder ein Stein), so daß die Lerner wirklich ihre Phantasie anstrengen müssen, um Gründe zu finden, warum man diese Dinge benötigen könnte. In der BOX finden Sie weitere Anregungen. Sie können auch die Dinge verwenden, die Sie gerade in der Tasche haben.

VARIANTE:

Wenn Sie etwas mehr Zeit zur Verfügung haben, können Sie diese Aktivität als Spiel mit zwei Gruppen durchführen. Jedes Team sollte bei jedem Gegenstand so viele Gründe wie möglich angeben, warum man ihn unbedingt braucht. Sie entscheiden darüber, welches der überzeugendste Grund ist.

Wenn die Zeit überschritten ist oder die Lerner genug davon haben, zählen Sie, welches Team die meisten Gewinne hat.

Das will ich haben

ein Auto
ein Radio
ein Fahrrad
ein Goldarmband
ein Segelboot
einen Fernseher
einen Mantel
eine Schachtel Pralinen
eine Flasche Parfum
eine Kette
einen Schaukelstuhl
eine Flasche Wein

... und das auch!

eine Papiertüte
eine alte Zeitung
eine entwertete Fahrkarte
einen Knochen
einen gebrauchten Briefumschlag
ein Krokodilbaby
eine Feder
einen einzelnen Schuh
eine leere Konservendose
einen Stein
ein Stück Faden
ein Kilo Abfall

LERNZIEL:

Hörverstehen, freies Sprechen

VORBEREITUNG:

Sie benötigen die Abbildung eines Gegenstands.

VERLAUF:

Händigen Sie die Abbildung einem/r Lerner/in aus. Beauftragen Sie ihn/sie, den Gegenstand an die Gruppe zu verkaufen, und gute Argumente vorzubringen, warum die anderen diesen Gegenstand unbedingt brauchen. Diese Aktivität kann ernsthaft oder humorvoll durchgeführt werden. Zum Beispiel kann ein/e Lerner/in ein Bild von einer Strickmaschine halten und sagen:
Nach einem sehr anstrengenden Tag sind wir müde. Normalerweise sehen wir dann fern oder gehen mit Freunden etwas trinken. Aber wenn wir jeden Abend etwas trinken gehen, kostet das viel Geld. Stricken heißt die Lösung. Stricken entspannt. Wir können die Strickwaren verkaufen oder sie unseren Freunden schenken. So entspannen wir uns, entwickeln unsere Kreativität und verdienen sogar noch Geld. Wer möchte eine Strickmaschine?

Die übrige Gruppe entscheidet darüber, ob das Verkaufsgespräch überzeugend war oder nicht.

VARIANTE 1:

Verwenden Sie als Stimulus statt eines Bildes nur die Bezeichnung für den zu verkaufenden Gegenstand.

VARIANTE 2:

Zeichnen Sie die Verkaufsgespräche auf Cassette auf und analysieren Sie die Gespräche im Anschluß gemeinsam mit den Lernern.

LERNZIEL:

Freie Sprachproduktion, Wörterbuchbenutzung

VERLAUF:

Stellen Sie mindestens ein Exemplar eines einsprachigen deutschen Wörterbuchs bereit. Bitten Sie die Lerner, einige Probleme des täglichen Lebens – die sie aus eigener Erfahrung kennen – an die Tafel zu schreiben. Zum Beispiel:

Mit dem Gehalt auskommen.
Der tägliche Umgang mit einer schwierigen Person.
Gesundheitsprobleme.
Das Kind, das nicht lernen will. etc.

Legen Sie nun das Wörterbuch auf den Tisch, und bitten Sie eine/n Lerner/in, es mit geschlossenen Augen auf irgendeiner Seite aufzuschlagen und mit dem Zeigefinger an irgendeine Stelle zu tippen. Nun öffnet der/die Lerner/in die Augen und liest den Eintrag vor, auf den sein Finger zeigt, z.B.

Kar'tof·fel ⟨f. 21⟩ *Nachtschattengewächs, dessen Wurzelknollen als Nahrung dienen: Solanum tuberosum; die Wurzelknolle dieser Pflanze* ⟨fig.; umg.; scherzh.⟩ *große, dicke Taschenuhr; plumpe, dicke Nase; Loch (im Strumpf);* ~n braten, dämpfen, kochen; gebratene, gekochte, rohe ~n; neue ~n; rin in die ~n, raus aus den ~n! ⟨mitteldt., berlin.⟩ *bald so, bald so (bei einander widersprechenden Anweisungen)* [< ital. *tartufo, tartufolo,* eigtl. „Trüffelpilz" < spätlat. *terrae tuber* „Trüffel", eigtl. „Erdknolle"; verwandt mit *Trüffel*]

Jetzt ist es Aufgabe der anderen Teilnehmer, angeregt das Stichwort bzw. durch seine Definition, einen Rat zu geben, um beispielsweise das Problem *mit dem Gehalt auskommen* zu lösen. Ein/ e Lerner/in kann beispielsweise vorschlagen: *Nimm's nicht so schwer, iß Kartoffeln, die sind billig.* Oder:
Mach einen Gemüseladen auf. Kartoffeln braucht man immer. Das ist ein sicheres Geschäft.
Ein/e andere/r Lerner/in könnte hingegen auf folgende Idee kommen:
Verkauf Kartoffeln als fliegender Händler.

VARIANTE 1:

Wenn Sie genügend Wörterbücher zur Verfügung haben, lassen Sie die Lerner in Kleingruppen arbeiten, wobei zuerst die (persönlichen) Probleme der Gruppenmitglieder aufgeschrieben und dann die Ratschläge erteilt und diskutiert werden.

VARIANTE 2:

Gegebenenfalls kann auch ein Wörterbuch mit Sprichwörtern oder Redewendungen verwendet werden.

Die Zahlen beziehen sich auf die Nummer der jeweiligen Aktivität.

Var. = Variante
Erw. = Erweiterung

... **Appetit** bekommen?

Es geht noch weiter ...

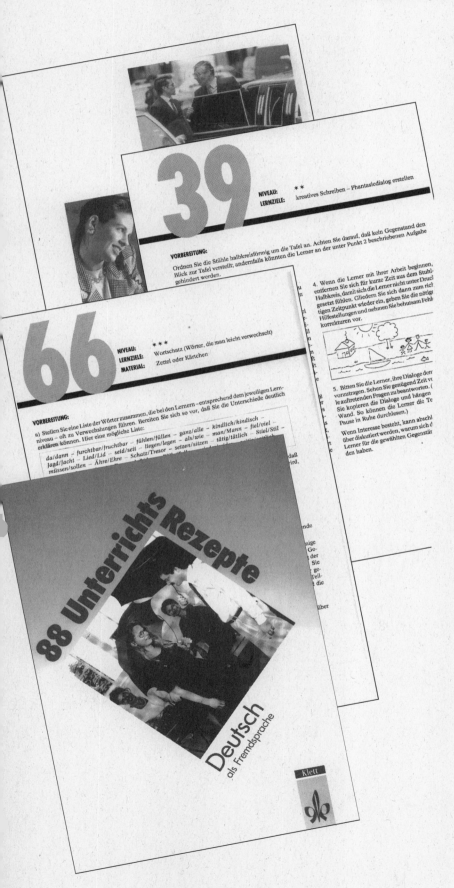

Die 88 Unterrichtsrezepte Deutsch

liefern Ihnen ebenfalls Anregungen für einen abwechslungsreichen und schmackhaften Unterricht.

Die Menüauswahl reicht von **kleinen, leichten Häppchen** bis zu **üppigen Hauptgerichten**, die eine ganze Unterrichtseinheit füllen.

Bei der Zusammenstellung dieses „Kochbuchs" wurde darauf geachtet, daß **alle Fertigkeiten** in dem ihnen gebührenden Maß berücksichtigt werden, um so den Umgang mit der Sprache mehrgleisig einzuüben.

Die Unterrichtsrezepte erstrecken sich über **vier Schwierigkeitsstufen**. Weit über die Hälfte der „Gerichte" sind leicht verdaulich, d.h. für die ersten beiden Lernjahre geeignet.

Auch in diesem Buch ermöglichen Ihnen präzise Hinweise und gebrauchsfertige Kopiervorlagen, die Aktivitäten fast ohne Vorbereitung fix und fertig zu servieren. Es steht Ihnen aber auch frei, Ihr eigenes Süppchen zu kochen und die Vorschläge nach Belieben zu variieren, um sie auf das Niveau und den Geschmack Ihrer Gäste abzustimmen.

Die Menüauswahl ist groß. Greifen Sie zu !

88 Unterrichtsrezepte Deutsch
Klettbuch 76879